這就是民俗（代序）

張紫晨

「民俗」一詞，在我國作為一個學術概念被使用是比較晚的，但作為道德教化使用，卻又是比較早的。孔子在論到禮樂時就說過：「移風易俗，莫善於樂，安上治民，莫善於禮。」魏晉時期阮籍在〈樂論〉中則說：「心氣和洽，則風俗齊一。」直接用了「風俗」一詞。嵇康論樂時也說過：「文王之功德與風俗之盛衰，皆可象之于聲音。」與「民俗」意義相近的還有「民風」，如《禮記・王制篇》中卽有「命大師陳詩以觀民風」的說法，這裏所陳的「詩」，是指民間的歌謠，要觀的「民風」，卽民間的風俗。「風俗」一詞是民間之風俗習尚的緊縮詞。但按《漢書》，「風」與「俗」又有不同的所指：「上之所化為風，下之所化為俗。」上之所化指的是由上而下的教化，有一種推動的力量，所以叫「風」，是說它像風一樣遍布四方。下之所化指下層民衆所用以自我教化的東西，是民間人人所習，所以叫「俗」，《說文解字》釋「俗」為「習也」，卽取此意。〈樂論〉中也說：「造始之敎謂之風，習而行之謂之俗。」已經指出「俗」不但是下民的自我敎化，也是民間衆人所相傳習。由此可知，所謂「民俗」，指的是由民間（下民）所創造，而又人人相傳習，用以自我敎化的習俗。

歐洲稱民俗為Folklore，但在不同的國家裏，賦予它的意思也不盡相同；有的是指民間的舊俗，有的指民間的智慧，有的是指民間文學，也有的是指民俗學而言。日本原先有「土俗」一詞，指的是「鄉土的習俗」，後來受了西方的影響，將Folklore譯作「民俗」，中國周作人等留學日本，回國後創辦「歌謠周刊」，正式直接使用「民俗」一詞，但當時是「民俗」「風俗」二詞並用，到一九二七年廣州中山大學辦專門刊物，就統一而用「民俗」一詞，從此以後，「民俗」便成為一個固定的學術概念。

「民俗」的第一要義在於「民」，指的是來自民間的東西；第二要義在於「俗」，指的是「人相習，代相傳」的傳承習慣。「民俗」所包含的卽是那些來自民間而又在民間具有世代相習的傳承事象。

民俗學是人文科學中的一個重要部門，它作為一門獨立的學科，開始於十九世紀的中葉，比人類學、民族學等要晚一些，在民俗學沒有形成獨立學科以前，人類學者和民族學者，都把民俗學的研究，包括在他們的研究範圍以內；至今有些國家的民俗學仍隸屬於人類學或民族學內。這種情形說明了在歷史上，民俗學與人類學、民族學曾是一體的，而它獨立出來的事實，又說明了它具有不同於人類學和民族學的獨立特質。

人類學有體質人類學與文化人類學的不同。體質人類學又稱為自然人類學，文化人類學又稱為社會人類學，而社會人類學不但與民族學相通，又與民俗學的研究對象交叉。但人類學所研究的人類文化，主要是人類原始時代或未開化民族的文化，如原始的住所、家族、服飾、飲食、畜牧、狩獵、種植、採集的原始物質文化，家族、氏族、部落等原始社會組織，以及原始宗教、藝術、語言、文學等原始精神文化。從這一方面來看，文化人類學的一部分與民俗學中的史前民俗及古代民俗是相一致了。但是民俗學的研究範圍卻既不侷限於史前時代和未開化民族，也不是只研究人類初期的一般文化現象，它所研究的是一個民族，包括史前時代、有史時代以至現代的各歷史時期的民俗傳承的文化現象。

凡是各族人民的民間生活、文化中具有傳承性的意識形態、習俗慣例，無不是民俗學研究的內容，民俗學的主要目的在於研究以各民族的風俗習慣為主的傳承文化現象的性質、狀況、特點，揭示它發生與發展的規律和社會作用。關於民俗學與民族學的關連，楊堃先生說：「若從民族學的觀點看，民俗學乃是民族學的一個分支；若從民俗學的角度去看，它不僅研究文明社會人民的生活與文化，同樣也研究落後民族的生活與文化。由此可見，這兩門學科的研究對象是交錯的，比較難以劃分的。」（《民族學和民俗學》，一九八三年）

社會學與民俗學也存在交叉關係。從總的方面看，社會學是研究社會的結構、功能以及發生發展規律的一門學科，其研究領域比民族學更為廣闊。其中社會組織、家族、社羣、職業、宗教、婚姻、社會教化、風俗習慣、都市、鄉村、商業、農業、工藝等的研究，都和民俗學的研究對象密切有關。社會學對社會的組織、結構、功能、變遷等研究，為研究民俗事象提供了條件。不過社會學的範圍只限於文明社會的結構，它研究的重點不是文化的傳承，而是社會各部分之間的關係。

民俗學與人類學、民族學、社會學均有較密切的關係，但並不隸屬於其中的任何一門，它有著自己獨特的學科體系和研究對象。所謂民俗，乃是創造於民間，又傳承於民間的具有世代相習的傳承事象（包括思想和行為），它以有規律性的活動約束人們的行為和意識，任何民俗活動都有它的約束力，這種約束力不依靠法律、不依靠史書，也不依靠科學文化的驗證，而是依靠習慣勢力、傳襲力量和心理信仰。因此民俗雖然多帶有某種愚昧性，但對其信仰者和傳襲者來說，却是自覺遵守的；有些雖然遵守的自覺程度不强，但在一般情況下，卻不敢逾越或改變。當然，在民俗中也有些沒有信仰成分只有習慣成分的，如服飾、飲食方面的民俗便大多如此，有些歲時節日的民俗也是這樣。但從總體來說，廣義的信仰實為民俗活動的基礎，由此，我們對於民俗又可歸納為下面的公式，卽民俗傳承的維持，主要靠三種因素：心理信仰、傳襲力量、習慣勢力。這種因素共同成為民俗約束力的基礎，有了這樣的基礎，民俗活動便賴以傳承下來，並且具有相對的穩定性。

（張紫晨，民俗學家，北京師範大學教授。）

水與水神

——中國的民俗與人文

張紫晨

目次

I.

骨的民俗學意義

「埋骨何須桑梓地，人間處處有青山」，月性和尚的這首題壁詩，曾經喚起許多立志出鄉關的古代男兒，獨行天涯的雄心壯志，也曾經是無數「進出」中國大陸的日本「滿洲浪人」的精神指標。

但是，對大多數的人來說，落葉歸根，埋骨故里，仍是人生最大也是最後的願望。臺大校長傅斯年的遺言有「歸骨於田橫之島」；蔣介石總統停靈於慈湖，在那裏靜靜地等待反攻的號角；毛澤東躺在天安門前的紀念堂裏供人參觀……都是爲了安置自己的遺骨。卽使遺言把骨灰撒在中國土地上的周恩來，也仍然是在閉目之前處理了自己的遺骨，不論是西風殘照之下的古代陵闕，或是荒煙蔓草間的一堆黃土，每個人所渴望的，都只不過是安息自己一具必將腐朽的枯骨。

中國人的觀念裏，骨是生命和人格的象徵，人一生的富貴貧賤，決定於他的骨骼骨相。

《北史・趙綽傳》說：「上每謂綽曰，朕于卿所無愛惜，但卿骨相不當貴耳。」遼太祖生時，其母見其「骨骼異常」，知長大必有所爲，恐別人陰圖害之，所以將他寄養別處，這些都是以骨骼爲相人標準的例子。正因爲骨骼是決定一生命運的東西，所以道家者流有透過修行或藥物，將凡骨化爲仙骨的換骨之說，「由來委曲尋仙路，不似先生換骨丹」，傳說中的道家仙人丹丘子、黃山君，經常服茶，得以輕身換骨……

我們常用「有骨氣」來形容特立獨行的人品，也常用「風骨」來形容文章的表現。《文心雕龍》所謂「沈吟鋪陳，莫先於骨」；鍾嶸論詩，以「眞骨凌霜」爲上品，論畫則以「如看美人，其風神骨相，有肌體之外者」爲佳，論書法則以「不學其形勢，惟在求其骨法」爲準……這些都是由骨相與人品相關的觀念，發展引申而成的藝術批評和鑑賞。

在宗教民俗學上，骨骼被認爲是活人的生命所寄、死者靈魂所宿的地方，對骨骼賦予宗教的信仰和呪術的能力也是許多民族共存的觀念，所以如何處置死者的遺骨，是葬儀上的重大問題，土葬民族的檢骨、洗骨；火葬中的保持骨粒和骨灰；樹葬和臺上葬的民族是待屍體風化之後，取其短骨埋葬，長骨用來做呪術性的神具，頭蓋骨用來做酒器。澳洲中部的威林喀族，人死之後，親族分食其肉，將骨骼放在樹上晒乾，然後打碎頭蓋和其他骨骼，埋在地下，只留腕骨，做爲祭祀的神器；南非、東南亞及澳洲的許多民族，有塗骨的習俗，爲了強化死者的生命力而在人骨上塗以鮮血；印度及中國的佛教徒，對於聖者的骨頭，建塔立寺以爲崇敬。各種不同的處理死者遺骨的方式，其內層心理是把骨骼作爲死者靈魂的凝聚所在，加以保存和供養。

對死者遺骨的破壞和保存，是源於原始民族對死者的愛惜和對惡靈（屍體）的恐怖，這是一種二律相反的交錯情感，一方面埋葬安息死者以遠避惡靈，一方面又保存死者的遺骨以爲乞求祖靈保佑的信物。

圖騰・巫術・信念

——文身的宗教民俗學意義

用針、骨片、植物的刺等銳器，在身體不同的部位上刻出花紋、圖像或符號，然後塗上墨、朱、白粉等顏色，使之溶於皮膚內或注入皮下組織內以保持永不變色，就是文身。文身又稱刺青、入墨、雕題、黥面、刻額、縷面、雕青、扎青等等。

人類在新石器時代，已經開始文身，文身是源於古代人的圖騰信仰和通過儀禮。圖騰（Totem）原是印第安語，原義是指「他的親族」或「他的兄弟」。古代部族相信自己與圖騰之間，存在着一種血緣關係，認爲自己的遠祖是由於神的力量而把圖騰動植物轉變爲人，對於被視爲遠祖的圖騰，禁食禁殺，甚至禁止觸摸和禁止直呼其名，凡是觸犯圖騰的必將受到神的降禍和部族的譴罰。爲了祈求遠祖圖騰的守護與避禍，於是有模仿和同化於圖騰的宗教儀禮，如以圖騰動物的皮毛爲衣服，扮成動物的樣子，或模仿動物的嘯聲作爲部族連絡的信號，或是改變身體的形狀，如辮髮、切痕、黥面、文身等以求同化於自己的圖騰。文身，即是把遠祖圖騰以刺青的方式刻在自己的身體上。《淮南子・原道訓》：「九疑之南，陸事寡而水事多，于是人民劗髮文身，以象鱗蟲。」《說苑・奉使篇》也說：「越處海垂之防……是以剪髮文身，燦然成章，以象龍子者，將避水神也。」《漢書・地理志》說：「常在水中，故斷其髮，文其身，以象龍子，故不見傷害也。」可見古代百越民族的文身，固然是由於生長於水的實際生活需要，把自己文身成爲龍子（水神的子孫）的樣子以避水害，也很明顯的是對遠祖圖騰（龍蛇水神）的模仿與同化。

並不是每個人都具有文身的資格，文身在許多部族中是一個成員從俗到聖的一種通過儀禮。人類在巫術信仰中，通過一定的儀式而得到神秘的呪術力量，由凡人而提升成爲接近神的超人，文身正是通過肉體的切裂損傷，通過忍受痛苦的試煉（一種信念的考驗）而完成的一種記號。文身通常是和成年的儀式聯在一起，是一種成長和完成的標記，普列漢諾夫說：「一個野蠻人，通過文身，不僅表達了他自己的民族關係，而且可以說，也表達了他自己的一生。」臺灣的泰雅族相信，如果不文身，死後祖宗就不認他，他就不能通過回歸祖林的一座靈橋，只有獵過人頭的男子和善於織布的處女才具文身的資格，如果此女子在文身時已經不是處女，就必須以猪肉及酒作爲贖罪的代價，舉行過淨祓的儀禮之後才准文身。

除了以上所說的以外，文身的動機還有其他的各種因素：

美飾：對於許多原始民族來說，文身是一種美的追求，邵可侶說：「世界上固然有不穿一點衣服的蠻族存在，但不裝飾自己身體的蠻人卻從未見過。」今日婦女的文眉以及黑社會人士的刺青，也是一種美的追求與選擇。

身分：海南島的黎人，喜歡文身，豪商文多，貧賤文少，但看身上所刺的文之多少，以別貴賤。臺灣卑南族的文身，也是爲了區別身分，除了酋長和貴族，一般部民嚴禁施術。

魅力：許多部族的男子以文身作爲吸引女子的條件，雲南瑞麗的傣族是「不刺則不娶」，就是說不文身就娶不到老婆，女子寧願把腕上的銀鐲脫下來送給情人，讓他去償付文身的價錢，他們的情歌中有「沒有花紋算什麼男人？不刺花紋談得上什麼眞心？……」。海南島的黎族婦女，少女十三、四歲時文面部，十六、七出嫁時文胸部，二十許爲丈夫所愛者則文私處。泰北有的苗村，男子在成年戀愛時，由他心愛的女子用利刃爲他文身，女子以此考驗男子忍受痛苦的勇氣和決心，把自己喜愛的圖樣，縷刺在情人的身上。

不管是基於什麼動機，文身都必須付出忍受痛苦和接受試煉的巨大代價，這種帶有自戕意味的文身，反映人類一種要求擺脫平凡人的地位而到達超羣地位的信念，是一種認同，一種回歸，也是一種異化的精神現象。

中國的文身

從馬家窰出土的文物上的文身人頭像，我們知道中國在史前的新石器時代已經有文身的習俗。安陽殷墟出土的文物中，也有一個半截抱腿而坐的石器人像，膀腿都刻着花紋，圖案與花骨刺紋一樣，李濟博士認爲這些石像代表了當時的文身習俗，殷人祭祀用人作爲犧牲，這些犧牲多半是被捕虜的西方牧羊人羌族，殷墟出土的文身人像，可能就是「辮髮文身」的羌人。甲骨文中的「文」和「紋」是同一個字，是一個身上有花紋者的正面形象，也卽是指有紋的身體，可推知古代東夷族的殷人可能也有文身的習俗。

《左傳》(哀公七年)說：「太伯端委，以治周禮，仲雍嗣之，斷髮文身，贏以爲飾，豈禮也哉，有由然也。」《史記・吳太伯世家》說太伯和其弟仲雍都是周太王的兒子，王季歷之兄，因爲太王要立季歷爲王，於是太伯仲雍兩人躲到荆蠻之地，文身斷髮，以表示不可再回中原。當時的荆蠻，是現今的江蘇浙江一帶的吳越之地，越王句踐，他本身就是刺青者，

「越王句踐，剪髮文身」（《墨子・公孟篇》），《漢書・地理志》說越王句踐是大禹的苗裔，爲了奉守大禹之祀，所以沿襲斷髮文身的習俗。大禹是夏族的祖神，其本身是具有龍神水神之形態的姒姓氏族的祖神，其子孫句踐文其遠祖圖騰於身上是具有圖騰信仰意義的。

秦漢以前，中國西南方的吳、越、濮、蠻、僚、伶、侗黎……以及北方的匈奴、朝鮮等國都有文身的習俗。《漢書・匈奴傳》說當時匈奴王規定，漢朝的大使，如果不去節，不以墨黥面，不得入穹窿。也就是說漢使必須去節黥面，才能受到匈奴單于的接見。當時匈奴的婦女則是「以黃粉塗額」或「用狼糞塗面」的，也是一種文身的習俗。西方羌族的文身，則是「人身青而有文，如龍鱗于臂脛之間。」（《蜀中廣記》），可見秦漢時代，除了中原的漢族之外，整個中國是個文身的國家。因爲漢族不文身，所以常以「斷髮文身」作爲區別漢夷的標準。

中國的皇帝除了越王句踐以外，五代後周的太祖郭威也是個刺青者，他「項右作雀，左作穀粟」，動植物圖案全有，當時人稱他爲「郭雀兒」。東鄰日本的古代神武天皇、安康天皇、履中天皇，也都有黥面文身的記載。

後來中原一帶的漢民族也逐漸開始文身了，田藝衞的《留青日札》記載說，明代山東的居民是：「家丁健兒五百餘口，悉刺爲花拳綉腿，以龍鳳蛇蟲，別其貴賤之分……父子兄弟，各於兩臂刺爲花卉葫蘆鳥獸之形。」當時山東人的文身，可能類似今日日本暴力團及臺灣流氓之士的刺青。《水滸傳》中九紋龍史進，即是一個渾身入墨的山東漢子。

高拱乾的《臺灣府志》，敍述明清之間臺灣人的文身習俗說：「身多刺記，或臂或背，好事者竟至通體皆文，其所刺則紅毛字也。」可知當時臺灣也有身上刺滿了荷蘭文的故里鄉賢。

血靈信仰

血在人們的觀念裏是具有咒術性力量的神秘東西，血是生命力的象徵，許多民族的巫醫，常爲老人或病人注入年輕人的血液，以企圖恢復其年輕的生命活力，在屍體上塗鮮血的習俗，也是爲了賦予死者不朽的生命力量，希望死者帶着這種新賦予的活力到另外一個世界去。我們說青年少年是「血氣方剛」，稱人健康是「血色良好」，而當我們說某人「面無血色」的時候，則此人不是驚嚇過度就是病了，這也是源於以血爲生命力量象徵的觀念。

血液的紅色，是人們可以看得見的，血液的流動是人們可以感覺得到的，由此可視性和流動性的血液的特質，產生了古代人「血靈」(blood soul)的觀念，把血視爲是一種具有活動力量的生靈，由此而有許多民族的「飲血」或「塗血」的習俗，阿波羅神殿的祭司，每月殺羊祭神，祭者飲了羊血，就會得到神所賦予的靈感和智慧。印度教也是以山羊祭神，祭畢之後祭者共飲羊血。南美加利普族是在新生的嬰兒額上塗上他生父的鮮血。中國古代以血祭旗祭社稷、祭祖先鬼神、祭鐘祭鼓，以血入藥或以饅頭蘸血爲藥。東南亞一帶的農耕民族，以血灑在穀物的種子上；日本古代以鹿血灑稻種，都是血靈信仰的一環，有許多民族相信喝了敵人的血，可以吸取對方的血靈而增強自己的生命力，「壯志饑餐胡虜肉，笑談渴飲匈奴血」，雖然是岳飛的激烈壯懷，但其思想的根源，仍是來自遠古食人飲血的習俗信仰。

結盟時，殺牲取血，共飲以結同心，也是古代「共飲共食」習俗的遺留，結盟者是以共飲之血，作爲同一親族，同一集團的象徵，血代表着結盟者的命運共同體。

受傷流血是生命危險的信號，由此產生了以紅色爲警戒的信仰，在心理學上，紅色令人興奮、衝動，也令人警戒和緊張；在民俗學上，紅色所代表的是生命之泉的血，是使農作物豐穰的太陽光。中國人以紅色象徵吉祥，是源於以血祭祖的「血食」信仰，祖先能夠享用後世子孫所供的「血食」，就能賜福避禍，使自己的子孫繁盛。

與飲血習俗相反的是，有些民族是禁止飲血或將血流出體外或灑在地上的，他們認爲如果血液流出體外，血靈就隨着離開了那個人的身體；如果血液灑到地上，這塊地面就成爲禁忌的神聖之地。由此而有許多關於血的禁忌，J. G. Frazer 在他的《金枝》書中論之甚詳，如北美的印第安人是「絕對禁止吃喝任何動物的鮮血，因爲其中含有該動物的生命和靈魂」，猶太人把獵殺的動物的血，完全傾倒出來，並用塵土蓋上……另外一個普遍的原則是，國王、祭司和皇族的血不能灑在地上，如一六八八年暹羅軍隊處死他們的國王，是把國王放進一個大鐵鍋裏，用木杵把他搗成碎片，爲的是防止他的血流到地上。蒙古忽必烈處死叛變他的叔叔，是用毯子把他包裹起來，反復摔擲致死，原因也是「不要讓皇室的血灑在地上，暴露在蒼天和陽光之下。」另外常見的是有許多民族對於經期中的女子採取隔離的做法，經期中的女子不准出入平常的房間，必須另外住到附近特定的小屋，或對這類女子採取祓淨的巫術儀禮，有的民族把處女的初夜權獻給祭司或酋長等，也都是由血的咒術禁忌所做的強化措施。

供犧、盟誓、復讐的許多關於血的民俗信仰，是源於古代普遍存在於各民族間的血靈信仰。

血祭及其他

「血」字在中國的原始意義是指以血祭神的古代習俗，其文字中的「丿」是指血，下面的「皿」是盛血用的器皿，合起來就是以器皿盛血以獻神的意思。所以《說文》解釋「血」字爲：「血，祭所薦牲血也。」

古代以血爲祭的習俗很多，戰爭時殺人取血以祭軍旗，祭祀社稷山川五嶽之神也是取犧牲之血以獻（《周禮・春官・大宗伯》），「血以飲神」，是指用血祭祖先鬼神，子孫延續不絕，祖先得以享受後人的祭祀，是爲「血食」，《史記・封禪書》說：「周興而邑邰，立后稷之祠，至今血食天下。」就是說姬姓部族祖神后稷的後人遍布天下，每年子孫以牲牢之血祭祖的事，而一旦國家亡了，社稷不保，也就成了「宗廟不血食，絕其後類」（《呂覽・當染》）的亡國滅種的悲劇。

由於血是祖先所享用的血食，所以在盟誓的時候，有「歃血」的儀式，爲的是讓自己的祖先鬼神做個證人，凡是背棄盟約的必遭神鬼之譴。在中國血統主義、血族至上的觀念下，飲過一杯歃血爲盟的血酒，即是異姓的兄弟，《三國演義》桃園中劉備、關羽、張飛，準備下烏牛白馬等祭禮，祭告天地之後，就是「不求同年同月同日生，但願同年同月同日死」的兄弟了，後來中國民間社會的秘密結社、換帖子、拜把子等也都是桃園結義的遺風。直到今天，仍有選舉時斬鷄殺狗的政治秀，也不外是以血爲誓，取信於神的古代血祭的延續。

「袖中出劍秋水流，血點斑斑新報仇。」（陸游〈寄宋道人詩〉），古代的劍客，挾其見血封喉的利刃，演出了許多復仇的故事。燕太子丹遍求天下最銳的匕首，以藥焠之，用以試人，血如縷，立死。（《十八史略‧燕國》），後來刺客荆軻，帶着這把匕首，出易水，入咸陽，圖窮匕見，死的卻是荆軻。

孟姜女尋夫長城下，白骨如山，不知杞粱骸骨何處，於是咬破手指，以血瀝骨，血悉漬浸，終於找到了已成白骨的丈夫。後來的孝子孝女，如孫法宗（《南史》）王少玄（《舊唐書》），都是用這個方法找到了父親的遺骸，這也是因爲「父子兄弟至親，同出於一氣者」（《資治通鑑‧唐紀》）的「血屬在焉」，都是由血族觀念所形成的「瀝骨認親」的故事。

在古代的中國，血是祭祖先和山川的供品，是盟誓的證據，是吃了幾千年的藥，是「忠臣發憤，血淚交流」而化爲碧玉的伍員萇弘之寃魂，是「血流漂杵」的戰爭，是「以血濯血」的復仇，是「盡是離人眼中血」的聚散。歷史，是用血寫的。

齧臂而盟

血盟爲一種盟誓方式。它基於這樣的信仰，即通過流血或血的交換，使結盟者建立起牢不可破的聯繫，若一方背叛，必將受到超自然力量的懲罰。

血盟一般實行於原非親屬的兩個男性之間。在人類學上稱爲 Blood Brother Hood，用今天社會俗語來說，即「換過血的鐵哥兒們」也。然有時亦擴展於異性之間或親屬之間。這在中國古代多採取咬齧或割破臂部使之流血的形式。故稱齧臂而盟。

春秋時期魯莊公追求一位名叫孟任的女子，曾答應立她爲夫人。她便「割臂盟公，生子般焉。」（《左傳》莊公卅二年）。這是情人之間的血盟，是一種表示恩愛的海誓山盟。

同一時期著名的軍事家吳起離衞去魯，與母告別，也曾齧臂爲盟。說：「可爲卿相，不復入衞。」（《史記・孫子吳起列傳》）這是母子之間的血盟，頗有賭咒發誓立下決心書的味道。

傳說古代有位射手名飛衞，收個徒弟名叫紀昌。徒弟學成，便忘恩負義，意欲謀殺師父，使自己可以無敵於天下。然雙方交鋒結果，飛衞隨便用荊棘做成箭便將紀昌之箭擊落。徒弟這才知道，師父本領要大得多，於是「拜伏於地……剋臂以誓，不得告術於人。」（《列子・湯問》）。這是師徒之間的血盟，表示徒弟認輸服罪，兼有相約保守技術秘密的目的。

東漢末年，宦官單超與靈帝密謀誅殺大豪門梁冀，帝齧超臂出血爲盟（《後漢書・宦者列傳》）。這是君臣之間爲訂立密約而血盟，從中可見齧臂是由對方進行，對方之血流入己口，便形成血的交換。

這種古老習俗一直保存到今天。雲南易武瑤族青年男女在對歌或勞動中結識，相約成婚，便由女方在男方左臂上咬出血來，以後再看傷口，若化膿起疤，便認爲男方已將自己記在心坎上；若無疤痕，則認爲男方虛心假意，說不定這婚約便要告吹。四川農村漢族男女相愛而不能婚配，便相約來世結爲夫婦，雙方乃燒香烙傷自己的手臂，以爲表記。這可算是齧臂而盟之俗的變體。

血盟乃世界性習俗。中世紀的英國、匈牙利及今天的非洲多曾流行。當然，刺血部位未必都在臂部。如東非的 Kampa 人是刺出胸部之血盛杯中供結盟雙方共飲。蘇丹的 Zande

人則將血和鹽共食，然後念出誓詞云：「如果你看見有人和你的兄弟（我）打架，你反而攻打你的兄弟（我），血必向你報仇！如果我來拜訪你，你有啤酒卻不拿出給我喝，血必向你報仇！如果你在路上看見一個婦女，明知是我的太太還要和她性交，血必向你報仇！」

以上所述，反映出初民血盟的動機和信仰，對解釋中國齧臂而盟之意義，也是適用的。

（汪寧生，雲南民族學院教授。）

左和右的民俗觀念

左右的觀念，源於人的左右雙手，凡在右手一方者，謂之右，反之則謂之左，方位則是以西方爲右，東方爲左，如山右卽山西，江右卽江西，反之山東稱山左，江東稱江左。

在古代，「右」字和「上」、「尙」是同義的，《左傳》說：「天子所右，寡君亦右之。」此右，也是保佑的「佑」，是幫助的意思。我國古代是以右爲尊，以左爲卑的，因爲尙右，所以貴族稱爲「右姓」，門閥顯貴之大姓族羣稱爲「右族」，我們漢字的書寫方式，是由上而下，由右而左，也是尙右的例子之一。也因爲古人尙右，所以相對的把「左」當做是「不正」的意思，《禮記・王制》說：「執左道以亂政，殺。」此處的左道卽是指非正道，也如我們常說的「旁門左道」。和左有關的「左遷」，是降職的意思；至於我們至今仍然常用的左派右派、左傾右傾等名詞，也顯然是由右尊左卑的觀念而來。《楚辭・九章》說：「志遷蹇而左傾。」是謂意志頹喪。在各國的議會中，以右爲政府黨及保守黨，以左爲在野黨及反對黨，這也是全世界的公例。

孔子稱讚管仲，說要是沒有管仲，那麼中原民族就得「披髮左衽」了，衣襟左交，是夷狄之服，也可見古代中國是以束髮披髮、右衽左衽，以別漢民族文化與周圍民族的不同。

人類學者認爲右尊左卑的觀念，是源於人類左右兩手的力量不均，右手力強左手力弱，因此農耕狩獵多半使用右手。也有學者認爲左右之分，是基於對立原理的象徵二元論，是原始人類最早的世界觀、事物分類、社會分類的一種關係構造。今天的構造人類學上所常用的兩極研究方法，從分析、認識來探究其內在各自不同的異質構造，即是源於二元構造理論，也就是源自左和右的觀念。

基督教、伊斯蘭教以及印度文化圈和各原始社會，都是以右爲尊以左爲卑。《聖經》說右手是祝福的手，伊斯蘭教以左手取不潔之物，印度以右手吃飯左手取穢。左和右的兩極對立，在原始宗教思維上是善與惡、生與死、男與女、聖與俗、淨與穢的兩種對立的象徵。大多數的民族是右尊左卑，但也有一些民族是以右手爲日常生活勞動的工具，而以左手爲祭祀和供犧的聖記。左和右，是人類最早產生的基本價值觀念。

髮的民俗學意義

頭髮在各民族中，是共有的儀禮行動和宗教禮俗中的重要因素。許多民族都相信，頭髮和個人的命運有著密切的關連，髮型是每個人的年齡、性別、職業、社會地位、文化程度以及人格的象徵；一個人髮型的變化，經常表示著他個人地位和身分以及生活狀態的變化。

中國在很早以前，就以髮型來區別民族、文化和社會地位，孔子說：「微管仲，吾其披髮左衽矣。」披髮的是夷狄苗蠻，束髮的是中原民族；「斷髮文身」的是吳越荆蠻之人，而「身體髮膚，受之父母，不敢毀傷」的是中原漢民族。周代中原民族的刑法中的「髡」（音坤），就是剃頭髮，是剝奪了罪犯的身分地位而定之罪的處罰。滿洲人入關，爲了執行剃髮的命令，而漢民族爲了保護頂上的頭髮，而有「留髮不留頭，留頭不留髮」的人頭落地的血腥悲劇。

勇士樊噲，瞋目視項王，頭髮上指，目眦皆裂；齊桓公披髮而御婦人；宋代狄青出征，披髮而戴鬼面；岳飛的怒髮衝冠等等，頭髮是氣勢、勇敢以及武力的象徵。吳子胥奔吳，一夜之間白了頭髮，是國仇家恨。「白髮三千丈，離愁似個長」，李白的三千白髮是好友聚散的依依；「鄉音無改鬢毛衰」是古代遊宦他鄉的官吏和今天還鄉老兵的鄉愁。世上有以一縷青絲，繫住遠行情人的女子；也有懸崖撒手，削髮而去的男子。不同的頭髮，也象徵著各種不同的人生。

古代希臘人認爲頭髮是生命力的象徵，一個人如果被剃了頭髮，他就失去了他的生命力量。他們的神話故事說，一個萬夫莫敵的勇士，他心愛的女子，趁他睡覺時，剪掉了他的頭髮，第二天他就虛脫無力，只好束手被俘。歐洲人普遍相信，一個人如果剪掉的頭髮，被鳥啣去做巢，此人必將死亡或是頭痛難過；爲了避免這種呪術性的災難，他們不敢剪去頭髮，或是把剪掉的頭髮埋在地下。日本人在向神許願時，切下自己的頭髮，獻給神以表示眞誠；丈夫死了，妻子則切下自己的頭髮放在棺內，以示貞節；情人出征或是遠行，則送一束頭髮以示永不相忘。

在許多民族的民俗信仰中，頭髮是性能力的象徵，整理頭髮是一種調節和抑制性欲的意義；剃髮則如同去勢，是解除性能力的一種象徵意義。原始基督教的切髮，佛教的剃度，這種削髮的意義是表示一種斷絕俗人的地位而歸向聖職的一種入門的通過儀禮。東南亞的泰國、緬甸等國家，男子在成人之前，必須經過一段剃髮修行的期間，通常是父母把孩子送到佛寺，由主持選定日子，邀請其他各寺的和尚共同列席，舉行剃度的儀式，被剃度的青年，在佛寺修行期間的用具，由親友捐贈，剃度式完成以後，青年向父母告別，留在寺中做短期的佛門弟子。禁欲與剃髮，經常是並行的一種修業方式。

服喪時期的剃髮，是古代殉葬風習的延續，是以頭髮代替自身，這種民俗分布在北美及東亞各地區。爲了傷害對方，盜其頭髮，加以焚毀，是一種行於世界各地的感染呪術中的黑呪術的一種。他們相信如果一個人的頭髮被燒毀，此人就失去了生命力而遭死亡。自己焚髮以獻神，是許多民族的乞雨儀禮中常見的，中國古代神話中所見的湯王禱於桑林，剪下頭髮指甲投入火中，焚髮是以髮取代自己入火自焚的祈雨儀式。

頭髮在民俗學的意義上一方面是謝罪、恭順和服從，另方面是出世、捨欲和謙讓的象徵。

假髮

西洋人使用假髮，一般是用於裝扮和補充自己頭髮的不足，有時也用假髮來表示威嚴和地位。早在古埃及王朝時代就有了使用假髮的習俗，金字塔裏的木乃尹上，發現了爲數極多的假髮，可知埃及的國王和貴族都是在生前和死後都頂著假髮的，埃及人的假髮是編成爲數很多的辮子，這種髮型直到現在仍然在非洲許多民族間流行著。

古代的希臘人，不分男女，都戴假髮，希臘人喜歡的假髮是以捲毛的長髮爲美，而且以紅色的髮爲最美，所以古代希臘人除戴假髮之外，男女都有染髮的習慣，波斯戰爭以後，希臘的年輕兵士才開始剪髮。希臘人的假髮風習延續到羅馬帝國，羅馬時代的貴族婦人，喜歡從現在的德國輸入金髮來製作假髮。歐洲人戴假髮的全盛時代，是在十七世紀之後以法國爲中心而興起的，畫像上法王路易十三和十四，那披肩的金色長髮，就是假髮，因爲國王本身喜歡假髮，所以當時的皇親貴族，不分男女，都以戴各種奇形怪狀的假髮爲時尚風流，法國當時是歐洲文明的中心，影響所及，使整個歐洲成了一個假髮的世界。法國大革命之後，戴假髮的國王被送上了斷頭臺，假髮的風習逐漸衰退。今天英國的法官、律師在法院所戴的白色長毛，卽是當年歐洲假髮習尚的餘風。

東方的日本，稱假髮爲「鬘」，原是演劇時使用的，後來實用化而成爲女性愛用的假髮。以前日本女子使用的假髮多半是以自己的頭髮編織而成，後來受到西洋人的影響，而有許多金髮、紅髮等假髮出現。如今除了藝妓因爲穿和服和職業上的需要仍帶假髮以外，一般人除了女子在結婚禮宴上換穿和服時戴假髮，通常一般人平常是不戴的了。另外，染毛劑發明了以後，頭髮的顏色或金或紅，或紫或綠，皆可隨意，所以假髮也就少了。倒是近年來，日本男人因爲中年禿頭的很多，男子假髮，大爲流行。

中國在周代以前就已經使用假髮了，當時的假髮稱爲「髢」（音弟），是因爲自己的頭髮太少而以假髮代替的意思。《詩經・鄘風・君子偕老》：「鬒髮如雲，不肖髢也。」就是一個女子對她所喜歡的男子說：「我自己的頭髮濃密如雲，不必像其他人一樣用滿頭的假髮來取悅別人。」可見當時的女子是戴假髮的。

所有的民族都有裝飾頭髮的習俗，男子喜歡在頭髮上插羽翎或戴獸角，以爲威儀；女子喜歡頭上插花。中國漢代流行在頭上插花枝形狀的黃金簪子，稱爲「步搖」。日本女子也喜歡頭上插簪，稱爲「髻華」或「插頭」。今日的女子，有的喜歡在頭髮上紮彩色帶子；有人喜歡戴髮圈或花朵；有人在頭髮上灑香水；有人在頭髮上塗油抹蠟。人類對於自己頭髮的保護和重視，實在是大費周章，無所不用其極。

胞衣的民俗觀念

胞衣也叫衣包，生理學上稱胎衣或胎盤，係包育嬰兒的一種膜質囊，上面黏貼母體子宮頸，下面有臍帶連通於外，胎兒由此吸取養料而排除廢物。胎兒降生時，胎衣脫落，與嬰兒身體分開，成爲獨立的衣包，中藥學上稱它爲「紫河車」，補養價值甚高，用以入藥，可治各種虛症。

胞衣既是體外之物，又是人身體的一部分；每個人在胎兒時期都離不開這種胞衣。俗語中的「一奶同胞」還表示一種極親近的血緣關係，同國同族之人，有時也以「同胞」相稱。這當然是對「胞衣」或「胞胎」意義的一種引伸。但是，在廣大的民間，對於「胞衣」卻一直存在著深刻的民俗觀念；而且這種觀念從人類的原始時代就開始了。

在人類的蒙昧時代，有一種原始的觀念，便是胞衣與其人本身是一體的。胞衣不僅不能和包孕過的人分開，而且兩者可以互相等同，互相指代。所以，人生下後，對胞衣要特別加以保護。胞衣象徵人的命運，胞衣固好，其人健康，胞衣萎霉，其人必有命危。如此人長期外出，家中人只要察看一下他的胞衣，便可知道他的生命情況。如欲加害於人或企圖制伏敵對者，將其胞衣毀壞或燒掉，便能達到目的。

這種原始觀念，發展到後來的社會更生出許多民俗的講究。在中國北方廣大地區，人們把胞衣看做是一個人的「根」，胞衣埋在哪裏，這個人的根便扎在哪裏。因此，男孩的胞衣要埋在家屋的室內，多在裏門檻之下。這樣，將來孩子長大可以不離家，即使離家在外，也會想家、歸家。女孩的胞衣要埋在家門之外，將來長大出嫁，會安心在婆家生兒育女，不想家。有的還將男孩胞衣放在狗窩裏，讓家狗吃掉，因爲狗不嫌家貧，什麼時候都不會離開主人，衣包藏於狗腹，這個人便會有忠貧護家的特點，永遠守護門庭，做忠實的子孫。有的把胞衣儲於瓦罐中，置於糧倉之後或祖先堂下，亦有此意。

爲了孩子能安然成長，有的還要專門去偷劉姓、陳姓或石姓人家的煨罐，將胞衣裝入其中。劉與留同音，陳與成相諧，以便孩子能留住，健康成長，與石頭一樣結實。有時連生幾胎未能成活，再生時母親要把孩子胞衣吞下，認爲如此，孩子便不會跑掉了。江蘇海州有些地區，把胞衣放在罐子裏，但男孩胞衣要同時放進一點黑叫驢的毛，取其生命之強勁，或放入炒熟的方穀或菜籽，稱爲「衣胞帶熟穀，活到九十九」。還有的人家專門把孩子的衣胞放在三岔路口，讓過往行人或車輛踩壓，並取乳名爲「踩住」或「壓住」，也是固命長壽的意思。

（張紫晨，民俗學家，北京師範大學教授。）

壓枝・偷瓜・拴娃娃

生兒育女是家庭、宗族乃至民族繁衍的大事。從古至今，民間流傳著各種祈子習俗。

陝西黃土高原的窰洞人家，人們在裝飾洞房時，必張貼「麒麟送子」、「蓮生貴子」一類的年畫、剪紙，祝福新婚夫婦早生貴子。拜堂之後，新娘進了洞房；這時，婆婆端來一碗名叫「兒女扁食」的餃子。看著新娘在吃餃子，婆婆語出雙關地問道：「生嗎？」羞答答的新娘答一聲「生！」得此口彩，婆婆滿心高興了——媳婦必能給她生個胖娃娃。

北方農家的洞房花燭之夜，盼著抱孫子的婆婆，依俗要往新人炕上撒紅棗、栗子、花生，借棗與早、栗子與立子同音，祝小兩口「早立子」，兒子女兒連著生。此時，公公也往炕上撒些香烟，以祈香火不斷。

位於絲綢之路的甘肅民勤，三面爲沙漠所包圍。這裏不產紅棗、板栗，村民使用蘿蔔和饃饃象徵娃娃。

新婚第二天清晨，兩個小叔子敲門道：「新嫂、新嫂快開門，給你送個大頭娃娃來。」新娘把門一開，嗖嗖兩個大蘿蔔拋進她懷裏了。這時婆婆也走過來，朝新媳婦懷裏拋兩個饃饃，她邊拋邊念：「隔門撂饃饃，明年抱孫孫。」

逢年過節，親友相見，常以「添丁發財」、「人財兩旺」爲賀。除夕之夜，湖南民間有悄悄往搖籃放上竹筷子，以祈明年增添食口的習慣。福建泉州送燈卜子之俗也頗有詩意。正月初二，新婚女兒女婿給岳丈拜年後，娘家照例要讓小兩口帶回一紅一白的兩盞並蒂蓮花燈，借燈與丁諧音，祝其今年添丁。到了元宵賞燈之夜，小夫妻把燈掛於床架，同時點燃蠟燭，看看那盞燈先滅；倘白燈先熄，將預兆生男孩；反之主生女孩。

不過，難免會有長期不孕者。這不僅給夫婦帶來無窮苦惱，連整個家庭也會因而遭人冷言中傷：「瞧，這家子幹啥缺德事，這才斷子絕孫哪！」於是，不明生育知識者向神靈祈子了。

「拴娃娃」是中國北方民間常見的求子方式。在河南浚縣大伾山廟會上，不育者在母親或婆婆陪同下，向「娃娃洞」裏的送子觀音焚香禱告後，從尼姑手裏接過一根紅線，拴取神龕上的一個泥娃娃，帶回去放在床上。有些虔誠者還一日三餐給泥娃娃供奉飯食呢！

山東泰山是中國五嶽之尊。歷代帝王登基後，要登上岱頂祭天封禪，以祈社稷永祚。望子情殷者則上泰山「押子」去。她們年三十登山，大年初一清晨進碧霞元君宮，向泰山老奶奶膜拜求子。接著，他們還往山上的松、柏、槐、山海棠的樹枝上壓石塊。她們希冀借「壓枝」與「押子」的諧音，押得一男半女。倘覓得槐籽、柏籽而食，更可借籽懷胎了。

四川銅梁，素以紮製各種龍彩而名聞遐邇。這裏每年元宵節都要舉行熱鬧的龍燈會。每當舞龍高潮，狂歡者或朝龍燈燃放鞭炮，或用焰火噴龍，有人還將熔爐裏的鐵水倒出來，讓四濺的火花燒龍，以燒掉自己身上的晦氣和送龍上天。彩龍口含一枚寶珠兒，俗信以爲它最有靈氣。於是，在燒龍之前，婚後無子者便央人將龍珠摘下來，再敲鑼打鼓送上門去，希望借助「送寶兒」的口彩，盼著今年能抱上寶貝孩兒。

偷瓜、送瓜、吃瓜是南北各地常見的求子風俗。倘農曆三月初三巧遇清明節，此謂「眞清明」。這天中午，乏嗣者買一南瓜煮熟，夫婦同時舉筷吃瓜，可以如願以償。

在浙江湖州鄉間，中秋月明之夜，鄉親爲本村不育者偷來多瓜，悄悄溜進她家，塞進被窩裏，祝她得子。在貴州，此俗更有一番風情，偷者故意激怒瓜主怒罵，罵得越兇越好；偷者給瓜穿上衣服，畫上眉眼扮成孩童，敲鑼打鼓送給乏嗣人家。當晚，少婦抱瓜同睡一宿，第二天便把瓜煮來吃了——吃了多子之瓜，可盼「瓜瓞綿綿」了。

（丘桓興，民俗學家，現任「人民中國」雜誌編審。）

原始母神

在許多洞窟壁畫、神像以及出土的文物上，我們可以看到許多民族所崇拜的原始母神（也就是早期的維納斯），通常是粗壯肥胖，並且極其誇張地強調巨大的乳房和性器。而不論你在何處旅行，經常也會遇見石製或木製的巨大男根，這些都是遠古性器崇拜的遺俗。

原始母神是具有繁殖、生命之源，以及大地生命力（農耕神）的象徵，許多宗教和哲學，呼喚人類回到嬰兒時期，回歸原初的神秘，通常指的就是原始的「子宮」，那是所有人類最初的根源。

巨大的河流常被視爲原始母神的生殖器官（大地之腔）。到了農耕時代，生產農作物的大地，也經常和生產人類的女性做了宗教信仰上的結合，於是我們看到許多農耕儀禮是以男女兩性爲基礎而產生的。古代埃及在春耕時，以裸體的處女擔任撒種的工作；秋收時，農民男女在田間露宿，並行性的儀式以謝神恩。東方的印度，印度教的信徒以鋤頭象徵男根，以大地象徵女性，鋤頭翻地的農耕工作正如同男女兩性的結合，種子則是男子精液的象徵。

天降雨水以滋潤農作物，因此在農耕民族的社會，雨水和大地，也常被視爲是天地的男女兩性。許多民族的乞雨儀式，通常是以暴巫、焚巫或以裸女羣舞爲儀式內容，也意味著向天神（男性神）獻女子的性信仰。

米索不達米亞的原始母神是裸體的，身上有明顯三角形刻線的女陰，這樣的圖式波及到古希臘文明，古代希臘即以象徵女陰的三角形爲聖靈的象徵。

一九八六年七月，考古學家在渤海灣沿岸的遼西山區，發掘到五千年以前的祭壇女神廟址，和一個陶質婦女裸像，這是中國境內最早發現的早期維納斯，這個塑像腹部隆起，臀部肥大，右臂彎曲，左臂貼於上股，陰部有三角形的刻紋，是一個典型的孕婦形象，這就是被公認的中國最早的原始母神。

性力崇拜

德國古典哲學家黑格爾，在他的《美學》第三卷第一部分專論建築美學的章節裏，有一節論述「男性生殖器形的石柱」的文字，提到：「在印度，用崇拜生殖器的形式去崇拜生殖力的風氣產生了一些具有這種形狀和意義的建築物，一些像塔一樣的上細下粗的石坊。」黑格爾還斷言：「在印度開始是非中空的生殖器形的石坊，後來才分出外殼和核心，變成了塔。」通常談到中國古塔，多數認爲它是源自印度的「塔婆」，梵語叫做Stupa，本爲埋佛骨之所。其實印度最早的塔，並非是爲埋佛骨才產生的，而像黑格爾所記述的是一種「非中空的生殖器形的石坊」。這印度古塔的始祖是遠古生殖崇拜的遺迹。

在閩南泉州，有名爲「石筍」的石建築物，就和黑格爾所記述的那種印度古塔之祖很相似。這「石筍」，是一根高約三米，上尖下粗的石柱，它像一根揷地的大石杵，石面粗糙，全形呈圓錐狀，既無花紋的雕刻，又非天然的東西。泉州「石筍」是什麼時代的遺物，至今尚未在史籍上找到確切的記載，但在成書於淸代乾隆年間的《泉州府誌》裏卻留下這麼一段記載：「宋郡守高惠連以私憾擊斷石笋，明成化間郡守張岩補而屬之。」可見這「石笋」早在北宋就已存在了。

在泉州，與「石笋」並存至今的古蹟，還有據記載是毀於元代的古印度敎寺院的石雕像，這是一些比佛敎還古老的印度古宗敎石刻，其間有體現崇拜濕婆主神的龕狀浮雕兩座，有一座在神像左畔豎立一根和「石笋」酷似的石柱；另一座則雕着一白象用鼻子向左邊樹下的一根令人矚目的石柱（也酷似「石笋」）獻花。濕婆係梵語 Ŝiva 的音譯，意思卽爲「自在」，爲古印度婆羅門敎和印度敎主神之一。據研究印度古代宗敎的學者考證，婆羅門敎和印度敎普遍有崇拜男性生殖器的現象，號稱性力派，或謂林伽派。

林伽爲梵語 Linga 的音譯，其意卽指男性生殖器。因此，我認爲泉州「石笋」很可能就是屬印度古代宗敎生殖崇拜的那一類象徵男性生殖器的崇拜物。泉州是古代中國海上絲綢之路的起點。有句諺語，叫做「海洋是沒有距離的」，泉州「石笋」是否和古印度文化交流有關，是値得進一步研究的。

回過頭來再看看黑格爾在他那論述「男性生殖器形的石柱」的《美學》裏，是如何把這石柱和古人類的生殖崇拜古風俗相聯繫的。黑格爾引述希羅多德在其《歷史》上的記載，指出古埃及人創造過一種約三分之二米長的東西來代替男性生殖器，上面繫着一條繩子，由女人們提著，使這生殖器經常舉起；古希臘對古埃及的酒神祭典並不生疏，崇拜酒神時舉着生殖器遊行的儀式是從埃及輸入希臘的。作爲哲學家的黑格爾對古埃及、古希臘、古印度的這種古老的生殖崇拜做出如下理性的思考：「東方所強調和崇敬的，往往是自然界的普遍生命力，不是思想意識的精神性和威力，而是生殖方面的創造力。」「更具體地說，對自然界普遍的生殖力的看法，是用雌雄生殖器的形狀來表現和崇拜的。」

由於中國字的難懂，黑格爾對中國古文獻的了解幾乎等於零，對中國這個和埃及、印度同樣悠久的文明古國了解得很少。假如黑格爾也有機會了解到泉州「石筍」的話，我相信他會在古埃及、古印度，以及從埃及傳入希臘的那些東方特有的生殖崇拜的古老記載裏，增加中國的相同古俗。的確如此，泉州石筍，是另一種宗教意義的塔，是生殖崇拜的象徵，這是有別於通常所指的另一種古塔，在民俗學中是很值得深入研究的。

（陳有昇，北京外文出版社編審。）

假面

原始假面（MASKS）的起源有各種複雜的說法，主要是源於古代人的萬物有靈論和咒術信仰或圖騰的信仰。古代的人認爲自然界的山川木石，打雷閃電等都具有神秘的力量。例如古代的日本人相信桑林中不會落雷，是由於他們以桑樹爲聖樹，認爲此聖樹具有超自然的咒術力量。南洋一帶的土人相信石頭是人死以後靈魂所化成的，因此他們崇拜石頭。在古代神話中的許多神都是半人半獸的，例如豹尾虎齒的西王母，人面蛇身的伏羲，牛首人身的神農氏。這種半人半獸的神話中的神，說明了原始人的觀念中的神已經具備了人間與他界合一的觀念，由此在原始人的宗教儀式中，爲了把觀念中具有超自然能力的神秘力量具體化，而產生了原始的假面，再由這種原始信仰發展到和日常生活有關的狩獵、戰爭、祈雨、醫病等方面的儀式上去。

依照原始宗教學家的分類，假面因爲其性質的不同而有以下各種：

①狩獵假面：各國都有假面的舞戲，在舞戲中一定有動物假面存在，主要是由於人類在打獵時代，爲了接近動物的身邊而必須的化粧。例如愛斯基摩人在獵海狗的時候，總是披着海狗的皮毛，裝成海狗的樣子爬行到海狗的身邊。

②圖騰假面：原始的民族常以動物或植物爲自己部族的圖騰，如以狼的圖騰的部族習慣以狼爲假面，自認爲是狼的子孫等。

③妖魔假面：非洲原始人認爲有毒的草木、毒蛇等羣棲的森林是妖魔的巢窟，因此通過此森林的時候必須帶上假面以避邪；他們相信假面的形態和顏色都具有內在的神秘咒力，這種咒力可以驅趕惡魔。

④醫術假面：古代人相信人之所以生病是由於病魔的作祟，於是爲了退除病魔和惡靈，常有帶上假面跳舞以求病癒的習慣。

⑤追悼假面：爲了招魂或使死人的精靈復歸，以此假面來追悼死去的人，常常是帶着像死者生前容貌的面具跳舞，模仿死者生前的動作等。

⑥頭蓋假面：死者的頭蓋骨是唯一殘存的東西，原始人認爲死者的頭蓋是保存了死者生前的力量，所以許多原始民族都有保存頭蓋的習俗。

⑦靈的假面：對於超自然的靈物，假面使其具體化和物質化。人與神之間，生與死之

間，原始人借着假面而使其互相交通。在原始人的宗教儀式中，以此種假面來表現看不見的神秘力量。

⑧戰爭假面：爲了給敵人以恐怖心，並且帶上假面可以使自己產生勝敵的力量。如《宋史・狄青傳》說狄青打仗的時候是「臨敵披髮，帶銅面具」。

⑨入會假面：秘密結社時入社儀式中所使用的假面。如澳洲原始民族有一種象徵死亡與再生的秘密儀式，這種結社的入會會員都要帶着假面，禁止社員接近結社的聖地，直到近世以來，像美國的三K黨也都是帶着假面的。

⑩祈雨假面：爲了祈雨而舉行的儀式，在儀式中祈雨者帶着象徵雨神的假面跳舞，通常的水神是龍、蛇、魚等動物。

⑪農耕假面：是在祈求農作物豐收所舉行的儀式中所使用的假面。古代人有殺人以血祭祀大地的農耕儀禮，同時古代人認爲農耕的大地，是如人間的兩性相結合一樣地繁殖萬物，所以澳洲的土人們在每年祭農神的時候，夜間出野外，男女實際交媾以求豐收。

人類由原始而文明，經過了長時期的努力掙扎，使得人類發明了武器去抵抗毒蛇猛獸。後來的人不必再殺死自己的兒子去獻給偉大的神，不必再以鮮血祭祀大地，不必再爲了疾病和祈雨而帶着假面在神前跳舞。人爲的力量征服了自然的神秘力量，使自然在文明人類面前光禿禿地赤裸着。

可是在心靈的過程中，原始的咒術信仰和圖騰信仰卻依然像塊化石般地殘存在人類的心靈深處。希特勒的德意志民族優勝思想也無異於古代原始人的圖騰；日本的八紘一宇及大東亞共榮的迷夢也是由於對他們的天皇有着原始的咒術信仰；今天的入會儀式、宣誓以及聖誕節的假面舞會，也都可以看到現代人心靈深處的原始痕跡。

II.

II

聖樹信仰與植物崇拜

聖樹信仰是將和自己民族實際生活上最有關係的一種特定的樹木，加以神聖化而以宗教的態度實行祭祀，凡是大樹、老樹、果樹等都是聖樹信仰的對象。中國北方黃河中原一帶是以桑樹作爲聖樹；南中國、印度、東南亞一帶則祭祀繁殖力強的榕樹；北歐一帶以樫樹爲聖樹。古代的日耳曼法律，凡是砍剝聖樹樹皮者，需以自己的生命作爲賠償，而古代中國由聖樹所象徵的「社」，更是王權和國家的聖地。

許多民族相信，樹木是神明和精靈所寄宿的地方，聖樹林也就是天上聖靈或祖先之靈所降臨之地，十字架被視爲「生命之木」，歐洲的「五月之木」以及法國的「自由之木」等，都是古代聖樹信仰的民族遺風。

臺灣泰雅族山胞相信，他們的祖先是由一棵森林中的聖樹中生出來的；他們相信人死亡以後，靈魂會再回到原來的森林聖木裏去。天上的彩虹是死者靈魂回歸聖木的橋，生前做過惡事的或沒有獵殺過異族頭顱的人，都會從橋上落到地獄；只有善者以及勇者，才能踏過虹橋，回歸生前的故鄉之林；森林是他們的聖地，林中的巨樹是他們部族的守護之神。漢民族文獻中所見的伊尹生於空桑、顓頊生於窮桑以及孔子生於桑的感生神話，也是中原民族以桑爲社，以桑爲聖樹的信仰。

植物崇拜是對食用、藥用以及特別植物的一種咒術性及宗教性的信仰，廣義的說和聖樹信仰同是屬於自然崇拜的一部。比如殺穀靈（人身供做犧牲、動物供做犧牲）以求百穀再生的豐穰儀禮，收穫時以初穗獻神的祭祀，爲求生育增殖的咒術秘儀，爲求植物不死和再生的聖妓神婚習俗，促使植物發芽的假面神舞和兩性神劇等。

由植物崇拜而形成的許多植物神話，是古代人透過神話的思維去解釋他們四週的實際植物，或是借着植物來反映他們現實生活中的一些事實，是自然與人文兩種思維相互結合而產生的故事。南方楚地一種有毒的黃色小花，成爲神農爲人類尋找藥材以致中毒而死的斷腸草；湛湛江水上的楓林，成爲楚人祖先蚩尤鮮血所化；洞庭瀟湘一帶上有黑斑的竹子，成爲舜妻娥皇女英殉情的眼淚；黃色或紅色花朶，苗似山薑的杜衡，是楚地青年男女採之以贈情人的信物；服之能媚以人的䔄草，是旦爲朝雲、暮爲行雨的巫山神女；遍布原野的桃林，是逐日渴死於道的夸父手中所棄的神杖……

每一朵花、每一棵樹、每一種農作物，都寄託著古代人現實生活中的滄桑和詩意。

女性・愛情・感生

——桃的民俗信仰

五代兵殘銅柱冷，
百蠻風古峒民多。
至今野廟年年賽，
里巷猶傳擺手歌。

清・陳秉鈞〈擺手祭〉

〈擺手歌〉是湘西土家族所流傳的口誦歌謠，也是他們的民族史詩，內容先是敍述天地的開闢、人類的起源，接著是民族的遷徙、狩獵和農耕的起源，最後則是自己部族自古相傳的戰爭和愛情故事。

擺手歌中關於人類的始原說天神最初所造的人，有的是耳朶像蒲扇的，有的是眼睛直直長長的，有的是鼻子倒生的……這些奇形怪狀的人類出現以後，接著出現了一個孤寡老婦，她因爲沒有子女而整天悲傷哭泣。天神同情她，叫她順著河流走去，如果見到什麼可吃的東西，就取而食之，老婦沿河走了四十九天，河中漂流下八顆桃子和一枝桃花，老婦取而吞之，有感而孕，生下了八個兒子和一個女兒，這便是世界上最早的正常人類。

八顆桃子所化生的八兄弟，是喝虎奶、飲龍血、吃鐵沙長大的，一個個都是「老虎捉來坐到、惡蛇捉來捆到、長龍捉來騎到」的無人敢抵抗的惡漢，最小的妹妹則是桃花所化生，貌美如花。

吃桃子而孕的生子神話，自然是源於古代對桃樹及桃子的咒術信仰，桃子的形狀也容易和女性的生殖器產生聯想；《詩經・桃夭篇》以桃象徵男女婚姻，也是此類的信仰傳承。土家族的老婦吞桃生子的故事，類似日本桃太郎的傳說，桃太郎也是一個老婦偶見河中漂流來的桃子，桃子中生出一個男孩，所以叫桃太郎；桃太郎也是一個天不怕地不怕的狠人，有征服鬼島的故事。這和土家族桃生八兄弟擒龍捕虎、大戰雷公的故事是一樣的，都是屬於異常出生故事中的漂流譚類型。

《詩經・桃夭》說：「桃之夭夭，灼灼其華，之子于歸，宜室宜家。」是把桃作爲新嫁女子的祝福言辭，希望新婚的女子能夠像桃一樣開花結果，早生貴子。古代中國每當仲春桃花開的時候，有「令會男女，奔者不禁」的規定，也是說桃花時節是青年男女可以自由戀愛擇偶的季節。《詩經・衞風》說：「投我以木桃，報之以瓊瑤，非報也，承以爲好也。」木桃，注釋說是大桃子，古代中國，女子對於自己喜歡的男子有送桃子（投桃）的習俗，或許和今天的情人節女子送男子巧克力糖是一樣的意義，接到桃子的男子則回報以珠寶玉石，爲的是能結良緣。晉代的潘岳，每乘車過街，女子紛紛以桃投之，往往滿載一車而歸。我們今天仍對那些常獲得女子垂青的男士，稱爲「走桃花運」，而對發生在男子身上的一些擺不平的感情稱爲「桃花劫」，「人面桃花」的邂逅和「劉阮天臺」的仙鄉，也都是桃花底下的情與慾。

桃在中國的神話傳說中，是逐日渴死於道的夸父臨終前棄其手中之杖所化的桃杖，是東海度朔山上桃都之山原始門神神荼鬱壘的故鄉，是東方朔和孫悟空盜而食之得以長生的不死的仙藥，是道士們用以驅邪避鬼的神聖咒木，是陶淵明在現實中尋求淨土的理想寄託，是劍客和禪師見桃花落盡而斬斷前緣的頓悟契機……

「曾恨紅箋啣燕子，偏憐素扇染桃花」，仲春之月，開花結實的桃子是女性、愛情及感生的民俗象徵。

不死・再生・鄉愁

——桑樹信仰及採桑傳說

桑樹在其他文獻中，又稱「扶桑」、「博桑」、「若木」等，扶桑和博桑都是指海中的大樹；若木的「若」字，原始字形是一個披著長髮跪在地上的女子形像，「若」字在字形上說明了古代婦女是以養蠶治絲爲主要的工作。《山海經》說：「歐絲之野，在大跡東，有一女子跪據樹歐絲，之桑無枝，在歐絲東，其上長百仞，無枝。」跪據樹歐絲的女子的形象就是「若」字的原始字形。這個長髮跪地的女子，也就是神話中的桑神織女。

是桑樹的養蠶治絲和生結桑椹的功能，以及桑葉摘了再生，繼續不衰的實際現象，使古代中國對桑樹產生了不死、再生與生殖的原始信仰，桑樹別名的若木，若字就具有「永遠年輕」的再生含意。神話中的水神顓頊，殷商的巫權代表伊尹以及孔子，都有「生於空桑」的感生神話。桑林是古帝先王誕生的地方，也是殷帝國的祭壇聖地，殷王商湯曾爲祈雨而禱於桑林，殷商後裔的宋國，也是以「桑社」作爲自己土地的社神。

在遠古的神話中，桑是生長在東海之中的大樹，這海中巨樹是十個太陽的故鄉，每天，十個太陽從海中經過桑樹輪流出現，帶領這十個太陽的是羲和，她是太陽的母親，帝舜的妻子。

大地上的桑林，除了是祀神聖地以外，也是人間男女幽情密會的溫床。桑林之所成爲古代男女戀愛的地方，一方面是因爲每年的採桑季節，女子們紛紛放下屋裏的工作而到野外採桑，另方面則是因爲桑林枝葉繁茂，是青年男女可以躲起來談情說愛的大好場所。地理學家已經證明，古代華北一帶的地質和氣候是最適宜栽培桑樹的地方，所以華北是高大喬木桑樹的原產地。古神話中治水大禹和原始母神女媧，就有「通於臺桑」的故事，故事說禹王因爲忙著治水，所以年過三十還沒有結婚，後來在塗山之陽遇到塗山女而通之於桑林，十月以後，塗山女生了大禹的兒子夏后啓。

我們從夏小正：「三月攝桑」和「妾子始蠶」的記載，知道三月是民間婦女開始採桑的季節，也正是《周禮》書上所說的「仲春令會男女，奔者不禁」的男女戀愛季節。古代每當採桑季節開始的時候，王后妃子們也都以身作則地到野外去採桑，以祈一年耕織的豐穫，《詩經》中關於古代女子採桑的記載是十分生動活潑的情歌：

十畝之間兮，桑者閑閑兮

行與子還兮，桑者泄泄兮
行與子逝兮

——魏風·十畝之間

春日載陽，有鳴倉庚
女執懿筐，遵彼微行
爰采柔桑

——豳風·七月

〈十畝之間〉說的是在桑林中，男女無別地往來採桑，一個採桑的女子看上了一個男子，想和他結伴回去的故事。〈豳風·七月〉是說在溫和的太陽下，日間的離黃鳥開始歌唱了，少女們背起了竹編的深筐，循著田間的小路去採柔細的桑葉。

爰采唐矣，沬之鄉矣，
云誰之思，美孟姜矣，
期我乎桑中，要我乎上宮
送我乎淇之上矣

——鄘風·桑中

一個採桑的男子，愛上了一個採桑女，這個美得像孟姜的女子是在沬之鄉。兩人在沬之鄉的一個叫「上宮」地方的桑林中幽會，然後手拉手地漫步在淇水的河堤上……

有名的採桑傳說，自然是〈秋胡傳說〉和〈陌上桑〉（或叫〈採桑〉，或叫〈羅敷行〉，或叫〈日出東南隅行〉）。這兩個傳說都是源自民間的採桑傳說，也都是採桑女子接受愛情試煉，抵抗誘惑的節婦故事。秋胡的妻子所執著的是一分愛情，爲了保持一分愛情的完善而不惜以身殉情。羅敷所執著的是傳統下的一個婚姻制度，爲了不破壞一個完整的婚姻制度而拒絕使君的誘惑。古代採桑傳說的內容，多半是以一個採桑女子接受一個好色男子的愛情引誘爲內容，而以拒絕誘惑保持貞節爲結局，採桑傳說實是中國後來許多試妻或戲妻故事的原型。

桑是古代華北文化的故鄉。東漢以後，中國人以「桑梓」作爲故鄉的代名詞；「蕭蕭桑柘下，煙火漸相歌。」桑樹底下，有古代中國的許多歷史滄桑和文化鄉愁。

雨神・日落・別離

——楊柳的民俗信仰

在敍利亞等乾燥地區，水邊的柳樹被視爲是農業女神所宿的神木。河邊的柳樹，《說文》作「檉」字，從木從聖的檉字本身，也似乎說明著古代中國以柳爲聖樹的民俗信仰。《齊民要術》說：「正月旦，取楊柳枝，百鬼不入家。」是取楊柳能夠避邪驅鬼的意思，《釋化要覽》卷下也說：「北人風俗，每至重午等毒節日，皆以盆盛水，內插柳枝，置之門前以辟惡。」北平俗諺說：「清明不帶柳，來世變黃狗。」都可以看到古代楊柳信仰的痕跡。

水邊的柳又被當做是司雨的雨神。《廣雅疏證》說，雨師的名字叫做檉（柳），段玉裁說：「一名雨師，羅願云葉細如絲，天將雨，檉先起氣迎之，故曰雨師。」雨是農耕民族不可缺的水源，有水的地方是人們居住和耕作的地方，因此水邊的柳樹，被聖化而看做是和雨水有關的雨神，後世有瓶中插柳以求甘霖的乞雨儀式。佛教中的楊柳觀音，也是以柳插瓶作爲雨水的象徵。

柳是日落的地方，《書經・堯典》說，分命和仲宅之西曰昧谷，昧谷又叫柳谷，也就是《論衡》書中所見的「日旦出扶桑，暮入細柳」的日落之處。神話中日落的柳谷，又叫羽淵，羽淵是終年太陽照不到的地方，也是積冰千里的幽冥之國。在神話中，鯀因治水失敗被天帝所殺，元魂化爲黃熊後，便潛入羽淵，三年以後，其屍不腐，天帝以吳刀剖之，有虬龍飛出，這隻鯀死後所育之虬龍，就是治水的大禹。

在古代人的觀念裏，人死有如日落，是到另一個世界，以不同的另一形體去過一種死後的生活。柳樹所以成爲日落的地方，一方面從柳字也作字栖，酉時也正是日落之時。此外《周禮》天官書說：「日將沒，其色赤，兼有餘色，故云柳谷。」是說柳樹能聚集各種太陽西下的餘暉，所以又說：「柳，聚也。」日落之地是另一個幽冥的世界，因此柳樹也是元魂所聚的地方。古代，柳木被用做和死亡及喪制有關的靈車，喪車又叫柳車，即是其中一例。

由於柳樹和雨水以及日落的信仰有關，所以後來在文學中，柳樹往往也是離別的象徵。朋友間的聚散，一如一場匆匆下過的雨；西沉的落日，落向一個昏暗幽冥的柳谷，也是一個離別的記號。漢代以後，有離別時折柳相贈的習俗，《三輔黃圖》說：「灞橋在長安東，跨水作橋，漢人送客至此橋，折柳贈別。」漢代人所折的是灞橋長堤上的柳，以後相沿成習，無論何地的柳，都是別離的象徵，「昔我往矣，楊柳依依，今我來思，雨雪霏霏。」春柳和冬雪，寫盡了時間的滄桑和征人的淒苦；渭城朝雨過後，客舍之前的青青柳色，是西出陽關時故人不再重逢的生離；「狼藉麻衣見酒痕，憶君醉別柳邊行」，是曉風殘月楊柳岸上，酒醒以後朋友已去的惆悵；「無情最是臺城柳，依舊煙籠十里堤」，是景物依舊但已人去樓空的依依離捨……

柳條折盡花飛盡，借問行人歸不歸？當少年子弟，在江湖路上白了頭髮而思歸的時候，故鄉昔日老井旁邊的柳樹，尚依然青青否？

佛典中的楊柳

佛教又被稱爲「蓮華的宗教」。在各種不同的佛典裏，我們可以很容易發現，蓮花是佛教中最常見也是最具聖潔意義的植物。其次，菩提樹、沙羅樹、優曇華、曼陀羅、龍華樹、吉祥草、芭蕉、貝多羅……等都是在佛典中所常見的。嚴格地說，楊柳在佛教中所具的意義並不特別凸出。如果不是因爲有「楊柳觀音」的宗教信仰與藝術造型，現代人還眞不容易把楊柳與佛教聯想在一起。

楊柳在佛法中的主要作用可以找到下列幾項：一、可作爲僧團中的日常洗漱用具——齒木。二、可當做佛菩薩之根本誓願的有形象徵（三昧耶形）。三、密教施法時，楊柳也是施法工具之一。

被當做「齒木」，是楊柳在早期佛典中所顯現的第一項功能。用現代話來說，「齒木」就是牙刷。用楊柳枝當牙刷，乍聽之下，似乎會讓吟慣「楊柳岸、曉風殘月」的中國人覺得大殺風景，但這確是印度，甚至於在中國、日本佛教僧團流傳千餘年的日常習慣。

古代印度僧人的刷牙方式，佛典稱之爲「嚼齒木」或「嚼楊枝」。齒木的來源截取自楊柳枝（或類似的樹枝），長度在六寸到一尺二寸之間，體積大約像常人的小指頭那麼大。嚴格地說，齒木只是指可用來刷牙的樹枝，並不限於楊柳枝一種，但是習俗相沿，在我國佛教徒心目中，「嚼楊枝」已經成爲「嚼齒木」的同義語。

印度人嚼齒木，與今人刷牙的情形類似，時間都是在每天早晨或飯後。方法是先將楊柳枝的一頭用牙齒嚼碎，然後用嚼碎的楊柳枝淨刷牙齒，甚至於還用以刮舌，最後再漱口清洗。依佛典所載，這種刷牙法有很多好處，據說可以除痰、解毒、去齒垢、發口香、明目、潤喉……等。有口臭的人嚼楊枝，大約半月可以治好。如果嚼楊枝之後，再加上用水灌鼻，據說可以使人袪病延年。關於齒木是不是一定用楊柳枝的問題，唐代名僧義淨到印度那爛陀寺時，曾發覺印度甚少楊柳樹，而且那爛陀寺僧所指的齒木樹並非楊柳。雖然如此，但是在義淨之前，印度來華的譯經師及其後的中國佛教界，則都將楊枝當做齒木，而且這種習慣還流傳到日本。

齒木與香水是古代印度人餽贈友人，表示自己誠意的禮品。這種習慣延伸到佛教界，也就成爲禮敬佛菩薩的供品。古印度的香水（閼伽）其實是加上香、花的淨水，而齒木在中國又專指楊枝，因此，我國佛敎徒在供佛時，乃演化成「楊枝淨水」的固定供物。

本來，楊枝淨水是可用來供養一切佛菩薩的。但是，由於佛典中有一種祈請觀世音菩薩消伏毒害的法事叫做「楊枝淨水法」（又名「請觀音法」）；而且，觀世音菩薩的三十三種化身之中，又有一尊手執楊柳以救渡世人的「楊柳觀音」，因此，楊柳與觀世音菩薩的關係，乃格外密切。在一般常見的禮拜觀世音菩薩的課誦文中，幾乎沒有一篇不包含「楊柳」一詞的。

「楊柳觀音」是密敎觀音法門中的一位本尊，又稱「藥王觀音」。修此密法的主要功能是袪除身上的病患。由於象徵此尊根本誓願的形相（三昧耶形）是楊柳，而且此尊的形像，也是右手執楊柳，所以佛教界都習稱爲「楊柳觀音」，此尊是歷代觀音造像或畫像中，頗受中外佛子喜愛而流傳頗廣的佛菩薩像之一。

楊柳在佛典中，除了上述幾種作用或意義之外，在密宗儀軌裏，也常被用來當做施法的工具。譬如修準提法的人，面向楊柳枝，結手印，誦準提咒一〇八遍之後，即可用此一楊柳枝替人驅除鬼魅。這種法術式的運用，雖然較爲好奇者所樂道，但是在佛教中並不普及。一般而言，只有密宗行者使用，在顯教宗派裏是不流行的。

（藍吉富，佛教史學者，現任「現代中國佛教協會」理事長。）

江南可採蓮

蓮的名稱很多，總稱爲荷或芙蕖，基莖稱爲茄，其葉爲蕸，其本（莖的下面部分）爲蔤，其花爲菡萏，其實爲蓮，其根爲藕，其中（蓮子的中間部分）爲的，的之中爲薏。此外出現在各書中的芙蓉、澤芝、水華、水芝、菱荷等，也都是指蓮而說的，江東人叫荷花爲芙蓉，北方人以蓮藕爲荷，把蓮花叫荷花，蜀人又把蓮花叫做茄花，因地域不同而有各種不同的稱呼。

中國人常以牡丹象徵富貴，以菊花象徵隱逸，以桃花象徵愛情。周敦頤獨愛蓮花，他把蓮花作爲君子的象徵，他的〈愛蓮說〉，取蓮花「出淤泥而不染，濯清漣而不妖，中通外直，不蔓不枝……可遠觀而不可褻玩焉。」是以蓮喻君子獨立不羣的品格。

江南多水鄉澤國，自然也多蓮，蓮對江南的人來說有種親切感，除了觀賞之外，更有日常生活中的食用價值，蓮子、蓮藕是江南人喜歡吃的食物。從古代到現代，採蓮的季節一到，吳越民族子女駕一葉小舟到水上採蓮，這情形如同北方的女子每到桑熟的季節，提著竹籃到野外採桑是一樣的，漢代《樂府》題名〈江南〉的採蓮曲是：

江南可採蓮，蓮葉何田田
魚戲蓮葉東，魚戲蓮葉西
魚戲蓮葉南，魚戲蓮葉北

如同北方的桑間濮上是青年男女戀愛幽會的地方，吳越之間的採蓮季節也是男女戀愛的季節。因爲古代女子平日深居簡出，只有在採桑或採蓮的季節，才會紛紛出現。「江南可採蓮」，是一首採蓮的勞動歌，也是採蓮的戀歌，戲於蓮葉之間的魚，可以實指蓮間之魚，也可以虛指採蓮的男女，聞一多先生受了西方文學理論的影響，從《詩經》所見的魚和這首採蓮曲中的魚，提出魚是男性的象徵，把一首原是純潔樸實的採蓮戀歌，解釋成了一場貪歡縱情的性遊戲。

南朝的〈子夜四時歌〉中夏歌：

鬱夏仲暑月，長嘯出湖邊，
芙蓉始結葉，花艷未得蓮。

表層的意思是詠蓮花，底層的意思則是敍情，花艷未得蓮，蓮和憐是同音，也就是說採蓮的女子雖然青春如花，可是卻沒有遇到憐惜的男子。如同南朝劉宋〈讀曲歌〉說：

千葉紅芙蓉，照灼綠水邊，

余花任郎摘，愼莫罷儂蓮。

這也是女子對情人說，你可以喜歡其他女子，但不要忘了我對你的愛。也是取蓮和憐、戀同音的暗示意義。

並不是所有發生在採蓮季節的戀情都有結果，匆匆的蓮季過後，有的留下的是「年年越溪上，相憶採芙蓉」或「采之欲遺誰，所思在遠道」的期待和惆悵。

塞外征夫猶未還，江南採蓮今已暮，蓮季過後，蓮底之下曾經有過的，都如殘荷斷藕。

造人與方舟

——葫蘆與神話信仰

最早的葫蘆產生人類的神話，是紀元前四世紀成立的印度史詩《羅摩衍那》第一篇第三十七章所載的：

須摩麻呢虎般的人
生出來一個大葫蘆
人們把葫蘆一打破
六萬個兒子從裏面跳出

季羡林教授說史詩中葫蘆的原文 garbhatumba 意思是「葫蘆胎」，胎的樣子和葫蘆很相似，胎裏面有胎兒，葫蘆裏面有子，也是相似的。

我國西南諸少數民族解釋人類的起源神話中，常有原初兄妹二人神婚以後，生出一個葫蘆或類似葫蘆的瓜果，然後從中生出各種不同的人類以及其他生命萬物。葫蘆在西南各族的創世神話中是造人的素材，同時又是洪水神話中避水的箱舟，這個箱舟是出於神賜（雷公的牙齒，為了報恩而給一對兄妹），神賜的葫蘆是神送給祂所選擇的人類始祖的聖器。臺灣布農族的創世神話也說遠古之時，有一個葫蘆和一個土製砂鍋，葫蘆中生出一男子，砂鍋中生出一女子，此二人即布農族的始祖。

　　葫蘆原產於非洲及印度南方，亞洲的葫蘆傳播是由印度而中國南北全境，由黃河流域而朝鮮半島。另外是由印度經南方而傳入中國西南，再向南而緬甸及印度尼西亞羣島。中國西南方的葫蘆沿照葉樹林地帶而傳到中國東南沿海，再由此處而傳入日本。凡有葫蘆這種植物分布的地域，即有葫蘆是人類的神話故事。中國《詩經・大雅》：「緜緜瓜瓞，民之初生。」說明始史的人類是來自其苗引蔓延緣的葫匏之類的瓜果？韓國人的「朴」姓，原意即是瓠。日本的《瓜子姬物語》謂老婦於河中洗衣，河中流來一瓜，取而食之，味美，又拾一瓜，回家置於櫃中，瓜破而出一女孩……

　　葫蘆生人的神話是許多民族都有的，並非中國所獨有。我國西南諸族所見的葫蘆造人的神話，是照葉樹林文化圈的人類始原神話中的一環，葫蘆生人的神話與漢族文獻中所出現的伏羲女媧毫無相關，這是一個因循葫蘆這種植物的傳播路線而產生的神話信仰。葫蘆之形有如女體，其中有排列整齊的種子，亦如母胎孕子，另外葫蘆有如渾沌未開的天地，由此而生陰陽男女，這些都是葫蘆生人的原始要素。

以葫蘆爲洪水神話中避水的箱舟，是源於以葫蘆爲腰舟而渡水的生活事實，在神話上是世界性的箱舟洪水神話的一環，是宇宙經過破壞，始祖人類要回歸宇宙原有秩序所不可缺的工具。這種工具在其他民族中也可能是神龜、巨石、木箱或是葦船，在神話意義上，類似聖經舊約創世紀中出現的諾亞方舟。在起源上，葫蘆始生人類與葫蘆避水是兩個各自獨立的神話類型，我國西南諸民族，有的將這兩個神話加以串連結合而形成了他們完整的創世神話。

三多

——佛手·仙桃·紅石榴

中國人對於「三」頗有偏好，打開中文大辭典，所見與三有關的語辭，占了相當大的篇幅，如果再加上三的倍數如六、九、十二、十八、二十四、三十六等，或辭典未載的其他俗語、口語，就多如牛毛了。

就好像我們常見寺廟供奉十八羅漢，其實從印度傳來之初，應是十六羅漢，自五代貫休和尚之後，加上降龍、伏虎二羅漢，數目變爲十八，才是三的倍數了。

中國人喜好「三」，原因之一是它代表「多」，換句話說，「三」不只表示「三」這個數字，它還代表多數的意思。從《老子》中，我們可以找到這種觀念的老祖宗：「道生一，一生二，二生三，三生萬物。」此外，《史記·律書》也說：「數始於一，終於十，成於三。」由無至有，再發展至無限的可能性，「三」是一個重要關鍵。

以「三」表示「多」的例子，實在多的不勝枚舉，例如「三軍」表示軍隊的通稱；「三年不鳴」比喻久無作爲、長久雌伏；「三十六行」或「三百六十行」表示各行各業；「三十六計走爲上策」的「三十六計」豈不表示「所有的計策」？「三教九流」表示各種學問、職業的總稱；「三蛇九鼠」喻害物之多。

其他如三姑六婆、三頭六臂、三綱九紀、三推六問、三親六眷、三跪九叩、三茶六飯、三宮六苑、三還九轉……不勝枚舉。

而在中國人的人生願望裏，以「多」寓意吉祥，自屬當然，於是產生了「三多」一詞。在我國民間流行的圖案裏，「三多」的內容是佛手柑、桃、石榴三種水果，寓意著「多福、多壽、多男子」。

利用草木造形爲裝飾圖案，象徵吉祥，或代表某種聖靈意義、人格象徵（一如松竹梅「三友」）的風俗，東西雙方都有。但比較起來，中國漢代以前的美術圖案，仍以動物紋爲主，甚至可以說，直到佛教東傳，西方的植物紋才大量傳至中國。

後來中國人青出於藍，植物紋之豐富與多變化，充分反映了中國人的卓越造形感覺，尤其中國人好以「果實」爲表現題材，已爲西方所不及。

「三多」之中，佛手柑的圖案，幾乎只見於中國。這種產於南方，屬於柑橘類的果實，由於形狀像佛、菩薩的手姿，因而得名；更因「佛」與「福」音近，所以佛手柑也就成爲多福或多寶的象徵物了。再說現實的佛手柑有清香，作蜜餞可食兼治腹疾，以之盆栽或置之案頭則可供賞玩，所以也甚得我國文人欣賞。

一如蘋果頻頻出現於歐洲古來的種種民俗、傳說之中，桃子被中國人視爲神聖果實也是由來已久。在美術圖案上，桃可說是出現頻率最高的一種果實，在民間百姓的心目中，它通常代表避邪、長壽。

至於「十房同膜、千子如一」的石榴，由於實物上「多子」的特徵，早被視爲多產、豐穰的象徵，所以它有「多男子」的寓意，「榴開百子」也是常見的吉祥語。

三多，本源於《莊子・天地篇》，據說華封人爲堯致頌詞時說：「使聖人富、使聖人壽、使聖人多男。」堯卻辭卻說：「多富多事、多壽多辱、多男多懼。」篇中並未敍及「三多」一詞，同時這三多看來也非吉祥之語；但後來代表吉祥的三多觀念卻漸漸深植於民衆腦海裏了。

另外，佛家也有三多的說法，指的是——多近善友、多聞清香、多修不淨觀。

鮮美的水果，原是平民之物，但加上祈福的象徵意味之後，不但爲我們的生活帶來歡喜的期盼，它的造形、圖案，又豐富了我們的視覺經驗。果實之功，豈止「三多」。

（莊伯和，民俗學者，現任職彰化銀行徵信室。）

III.

黃河的水神

源於青海巴顏喀喇山，流經九省而到山東利津縣入海，長達四千六百多公里的黃河，是中國歷史文化的主脈，黃河中流的伊、渭、汾、洛諸水，是形成古代中國的民族與王權的搖籃。以伊水和洛水爲中心而形成的姒姓族建立了夏；以黃河岸邊的鄭州和安陽爲中心的子姓族建立了商；以陝西渭水中下游爲中心的姬姓族建立了周。這些古中原地帶的氏族所建立的不同王朝，使黃河古文化呈現了多元多彩的特色，他們各自有對黃河之水的祭儀和信仰的傳承。夏民族所信奉的祖神顓頊、鯀、禹，其原始是他們所祭祀和信仰的水神，是一種魚蛇之形的河神。殷民族將黃河與自己的高祖列爲同一最高的地位，而稱黃河爲「高祖河」。周民族以姬水爲姓，他們所信奉的姬水之神，卽是後來演變爲全中國民族共同始祖神的黃帝。

在黃河所流經的黃色土地上，新興的民族與政權不斷地崛起。在氏族的興衰起落和王權的交替之間，民族與文化經過不斷的併呑、吸收和融合，逐漸發展成爲以黃河兩岸各族爲主幹而形成的漢民族及漢族文化。

黃河、黃土高原、黃種民族及始祖之神黃帝，這些奇妙的黃色組合，組成了我們從遠古到今天的文化香火與民族傳承。而自稱是「龍的傳人」的民族所信奉的龍神，其實也就是黃河的水神，是把原是魚蛇之形的水神加以神聖化而形成的一個民族圖騰。

在世界各地的神話中，水神經常是住在海中、湖中或河流中的魚、蛇，或者是由魚蛇所變形的龍神。人類對他們所信奉的水神，通常是征伐與獻犧兩種心態，許多創世神話中所常見的英雄斬蛟龍或巨蛇等類型的故事，隱喻著古代民族對水的治理和掌握，是透過人類對水神的殺伐而取得再生的契機。作爲水神的蛇魚蛟龍，通常在神話中是破壞和死亡的象徵。獻犧是爲了祈求安寧，由此而有許多例行的水神祭祀儀禮。

由世界上各民族所見的水神信仰與祭祀的例子，我們不能不想到，中國古代的水神，特別是黃河的遠古水神，又是怎樣的一個形象呢？

一九五四年秋天，西安北方半坡遺址的發現，爲我們提供了中國古代最早的河神形象；在爲數極多的出土彩陶中，其中的人面魚身的彩陶缽，很可能就是中國最早的夏系文化中河神的原象。夏民族源於黃河中流，向西沿渭水而至甘肅的洮河流域，向東沿黃河而至山東境內，是東西距離極長的一個以彩陶土器爲主的文化圈。夏系民族也是最早在黃河上築堤成功的民族，《國語》書上說鯀是「始作城者」，即是這種築堤防水的歷史反映。夏系文化的彩陶，是在赤褐色的土質上描繪著黑色彩飾的土器，仰韶和半坡都是彩陶文化代表的遺址。我們從夏系民族的始祖神話，知道夏民族所祭祀的始祖全是具有水神性格的水神。

夏民族是以黃河支流伊、洛、潙、汭之水爲中心而四下移動的民族，傅斯年的〈夷夏東西說〉，推論夏民族活動的地區是在汾水流域的山西南半和伊水流域的河南中南部，以及渭水下游的陝西之一部，這個區域正是仰韶文化彩陶出土的地方。我們在西安半坡所見的魚紋彩陶和陝西臨潼姜寨出土的彩陶魚紋人面鉢，都明顯地見有偏枯之人面魚或人面魚身的圖像，我們認爲這種偏枯人面魚，就是古代活動於這一帶的夏民族所信奉的水神。而帝王系譜中所見的夏民族所信奉的祖神顓頊、伯鯀和大禹，也都具有魚蛇或龍的水神性格和神容，這個帝王世系，是古代夏民族以自己所信奉的水神爲祖神，而成立的一個系譜。

民國以前，中國歷代皇帝都有祭河和封河的儀典，夏系民族以所祭祀的水神爲自己的祖神；殷系民族把河與高祖並稱爲高祖河；周系民族以河爲四瀆（江河淮濟）之長，爲神之至尊者。秦併天下，始皇帝令祠官祭河……唐玄宗祠河，封河神爲靈源公；唐代以前是以公侯詔封河神，之後則以王爵封河。宋仁宗勅祭河，封河神爲顯聖靈源王；元世祖定四瀆祭所，遣使祀河，封河爲靈源弘濟王；明太祖取消河神的王號，稱河爲四瀆大河之神；清順治封河爲顯佑通濟金龍四大王之神。歷代皇帝對河神的詔封，是在原來的封號上再加上新號，這種封上加封有如越滾越大的雪球，加到清末的光緒皇帝時，黃河水神已經是：「靈佑襄濟顯惠贊順護國普利昭應孚澤綏靖普化宣仁保民誠感黃大王」的長達二十九個字的封號。

在歷代皇帝不斷的祭祀和加封之下，黃河之神卻正如黃河的流水，並沒有停止祂本身的流動和變化。河神從遠古的魚蛇之類動物，發展爲神人同體的河伯，再發展而爲服藥成仙的神仙，而河伯馮夷，其名字到了唐宋之後，逐漸不傳，河神的地位被新起的龍王取代。宋趙彥衞公《雲麓漫鈔》載：

古祭水神曰河伯，自釋氏書入，中土有龍王之說，而河伯無聞矣。

宋眞宗天禧四年，勅令祭河，「增龍神及尾宿諸星在天河之內」，可能是龍王正式被祀爲河神的開始。從此以後，江河湖海，凡有水處，皆歸龍神或龍王支配，而龍王的族類也越來越多，如諸天龍王、四海龍王、五方龍王……，宋太祖承繼唐代祭五龍之劇，建五龍祠。徽宗大觀二年，皇帝下詔天下，大封羣龍爲王，封青龍爲廣仁王、赤龍爲嘉澤王、黃龍爲孚應王、白龍爲義濟王、黑龍爲靈澤王……幾乎是只要有水的地方，就有龍王和龍王廟，在這樣龍王擡頭的環境之下，原來的水神河伯馮夷，只有讓位。

近世宋代以後，黃河的水神，也呈現著羣龍割據的局面，龍神衆多，其中最有代表性的河神，應該是金龍四大王和黃大王。這些大王或將軍，幾乎全是人鬼，是死後被封而爲神的，如金龍四大王，姓謝名緒，因爲排行第四，所以被封爲四大王；黃大王名守才，字英杰，可能因爲姓黃，所以也被封爲黃河之神；王將軍名仁福，字竹林，江蘇吳縣人，清同治六年署理祥河同知，搶掃落水，身故……這些人或因治河有成，或因治河身亡，死後都被封爲黃河之神。

但是，死去的謝緒和黃守才等人，雖然成了金龍四大王或黃大王之類的河神，人們畢竟不能得而見之。被視爲能夠興雲致雨的羣龍，已是一種活在人們想像觀念之中的神秘存在，也不能落實在現實生活之中。於是黃河一帶的居民，又回到遠古以來的古老水神信仰上，把對河神的祭祀和信仰，落實在他們能夠看得見的水蛇身上，水中和岸邊各種不同的怪蛇，成了金龍或大王等水神的化身。

黃河一帶的民衆，如果在河邊某處遇到了「大王」或是「將軍」，必須報告地方長官，地方官帶著巫師親往迎接；接大王的方法是一面唱著祝辭把蛇放在一個盤子中，然後放進轎子裏擡入廟中供奉。每年祭祀河神的時候，都必須演戲酬神，因爲大王和將軍是喜歡看戲的，廟祝拿著戲單放在蛇前，蛇首點到哪個戲名，演員就唱那個戲，這就是「河神點戲」。

遠古時代的黃河水神是一種魚蛇之類的水生動物，後來被神秘化和神聖化而成爲龍，神話中的原始水神，即是魚蛇及龍的混和，中國民族所信仰和祭祀了幾千年的黃河之神，不論是龍君或是龍王，巨龍的原始其實也不過是一條小蛇而已。

斷絕與連續

——橋的民俗信仰及傳說

人類造橋，爲的是在一種斷絕的情形之下建立連接。

在古代的宗教信仰上，橋是連接現實世界與另一世界的驛站，具有斷絕與連接的雙重神秘性與咒術性。古代的人們認爲，在被作爲聖界的河流上建橋，是對河神的冒瀆行爲，因此爲了要求河神息怒與寬恕，建橋的時候要向河神祭祀和奉獻，通常是以人作爲祭河以及祭橋的犧牲。古代英國倫敦橋的祭祀犧牲，用的是吸食菸草的異族番人；中國殷代用的是比鄰而居的羌族牧羊人加上白馬圭玉等供品；特別是建橋的定礎儀禮中，許多民族是把活人埋在橋柱之中，作爲護橋之靈。

古代羅馬人於每年的五月十五日舉行祭橋與河神的儀禮，祭司（Pontifex，原義是架橋者）搬運著二十四具燈心草製成的人像，到境內二十四個神殿巡行。這些草製人像是被綑縛著手足的老人姿像，巡行之後在橋上演出祭祀的歌舞神劇，劇終之後，將這些草人倒立著丟到河中。這是由以活人爲犧牲演變成以草人替代的祭儀。

許多民族是以河流作爲俗性世界與聖性世界的畫分線，也就是說河的這邊是人們日常生活的現實世界，河的對岸即是死者所歸的另一神秘世界，所以叫做「彼岸」；而河上的橋，即是由俗到聖所必經的一個關口。佛教所見的地獄，是死者必須通過一個叫做「奈河」的橋，橋下不是流水，而是刀山火海；祆教徒所信仰的地獄，是一座能夠變幻莫測的橋，這座橋隨著走過的死者而有各種不同的變化，生前爲善的亡靈通過的時候，這橋是平坦的陽關大道，生前爲惡的亡靈通過的時候，這橋會變做滿佈毒蛇猛獸的火海油鍋……臺灣的泰雅族山胞，他們也相信人死了以後亡魂必須通過一座神靈之橋（彩虹），回到自己祖先所住的森林中去，但是自殺的以及被砍了頭的亡魂是不能通過這橋的，能夠過橋的必須是出過草獵過人頭的男子，以及勤於紡織的女子。在橋的入口處，他們的祖先在那裏檢查每一個過橋的亡魂，凡是獵過人頭的、手上有血的、臉上有刺青的都可以過橋，否則就被推到橋下。

日本的橋神是一個喜怒無常的女神，叫做「橋姬」，她高興的時候常常賜給過橋人意外的財富和好運，不高興的時候又常把過橋的人推到河裏淹死。橋姬也是掌管男女信息的女神，她左右著人間男女幸與不幸的愛情。

橋姬的傳說是一個愛情悲劇故事。古傳在山城國宇治的地方有一對情人，男的沿宇治川順流而下，到龍宮去尋寶，結果一去不回。橋姬每天每夜立在橋上等候不歸的情人，最後相思而死，她的靈魂後來又成爲護橋的神明。因爲怨恨情人不歸，所以做了護橋神以後的橋姬，特別嫉妒那些過橋而嫁的新娘，凡遇到過橋的新娘，橋姬就化爲狂風，把她吹落河中。所以當地的人在結婚的時候，都不敢乘花轎過橋，都得改坐舟輪渡河，他們把宇治川上的那座橋，叫做「嫁娶橋」。

應該是在古代的日本鄉間，有許多女子在橋上等待打漁遠去、死於海難而永不歸來的情人，而後才有橋姬的傳說。在交通不發達的時代，或許也有無數的花轎過橋時被大風吹落，新娘落水而死，所以附會了橋姬的傳說而有「嫁娶橋」之類的民間俗信。

調和・安定・永恒

——塔在宗教上的意義

紀元前二三〇〇至二一八〇年間，Woolly 第三王朝所建獻給月神南娜的神塔，是由下層的祭祀場、中層的樓梯以及最上層的神殿所組成的巨大建築物。這種打破平面和垂直的自然平衡原理，而以無限向上、無限反復的形體構成的造形建築，是 Ziggurratu，即是祭神的神壇，塔的最高層是天上諸神降臨，接受人類所供獻的犧牲的地方，Ziggurratu 神殿的建築，類似北京的天壇。神話中有四蛇環繞、射者不敢北向的「共工之臺」，應該也是古代羌族祭祀的神壇。

塔是天與地、神與人的結合處。中國神話中的天柱崑崙，是帝之下都，是天上諸神下降的地方；崑崙之丘上面更高的地方叫凉風之山，凡人到達此山，就能不死。凉風之山上面有帝之懸圃，是空中花園，人到此地，就能得到呼風喚雨的神通。懸圃之上，就是天上，凡人到達此處，就能化而爲神。可是這條天地間的通路，卻因爲人類背叛了神而被斷絕了，這就是神話中「帝命重黎，斷地天通」的故事。

《聖經・舊約・創世紀》所見的人類最早建造的塔是巴別塔 (Babel)。那時天下人的口音言語，都是一樣，他們往東邊遷移的時候，在示拿地遇見一片平原，就住在那裏。他們彼此商量說，來罷！我們要作磚，把磚燒透了。他們就拿磚當石頭，又拿石漆當灰泥。他們說，來罷！我們要建造一座城和一座塔，塔頂通天……耶和華說，看哪！他們成爲一樣的人民，都是一樣的言語，如今既作起這事來，以後他們要做的事，就沒有不成就的了！……於是，耶和華使他們從那裏分散在全地上，他們就停止不造那城了，因爲耶和華在那裏變亂了天下人的言語，使衆人分散在全地上，所以那城名叫「巴別」(就是「變亂」的意思)。這是〈創世紀〉第十一章一至九節所見的人類最初造塔的神話，類似中國重黎斷地天通的故事。巴別 (Babel) 的語源是由米索不達米亞祭神的殿塔Ziggurratu而來，原義是指崇高的神之門。

佛教的塔的語源來自梵語 stupa（中譯窣堵波），其起源有各種不同的說法，有說是源於由火葬改爲土葬的時代，爲了紀念土葬的地方而築的記號；有說是因爲阿育王熱心弘法佈道，各地紛紛建窣堵波以紀念他；也有說佛教的塔是發端於耆那教……中印度的 Barhut 高原，Sanchi 地方的塔是最古的佛教塔，是由廣大的基壇 (Methi) 和伏鉢 (anda) 所組成的周圍廣大的土饅頭形狀，由此可知佛塔的原型是由高土堆所建的墳墓。

中國的塔是受了固有的樓閣建築而形成的三、五、七層的高層建築，近似西方的高塔；日本的塔則是受了中國和百濟，特別是受到南朝的梁和唐代的伽藍建築的影響。

南朝四百八十寺，多少煙雨樓台中，高聳入雲的塔是諸神接受人類歸依的聖所，是一種調和與安定的詩意美感。

牆的傳統

——牆與路的文化之一

牆在中國文化中所佔的地位應該是很重要的，似乎中國人是世界上最早的築牆民族。古代中國神話說，堯帝在位的時候，洪水滔天，浩浩蕩蕩，懷繞山陵，使得整個中國成爲龍蛇水族的天國，人民沒有可住的地方，有的爬上了山，有的上了樹。於是命鯀治水，傳說鯀治水是用築牆圍堵的方法，因此古書說鯀是「始作城者」，鯀應該是中國第一位築牆的工程師了。但是這位工程師卻因爲築牆治水而被舜處了死刑，因爲他築牆治水沒有成功，鯀也是爲牆而死的第一個犧牲者。

戰國時代，燕趙等國家，爲了防止北方胡人的侵略，所以築了很高的牆以抵擋南下牧馬的匈奴，後來秦始皇統一了中國，把各國原有的城牆連接起來，就是今天仍然被認爲中國傳統文化象徵的萬里長城了。正因爲長城的底下壓着無數古代中國人的血淚和白骨，所以民間才有孟姜女千里送衣和哭倒長城的民間傳說，孟姜女的傳說深深地反映着古代中國百姓在獨裁專制的政治下的命運。

然而萬里的長城卻畢竟沒有維護住中國的萬年太平，到了漢代，中國的皇帝就必須派遣漢族的女人出長城而到四面荒野沒有牆的匈奴去「和番」。從漢到宋的中國歷史，似乎都是沒有牆的北方騎馬民族衝破漢族的長城防線而來牆內掠奪和屠殺的歷史。到了元，騎馬民族的蒙古人衝破長城，而在善於築牆的漢人的土地上，建立起他們的王國來了。當窩濶臺統治了中原以後，他的近臣別迭等上奏說：「漢人無補於國，可悉空其人，以爲牧地。」就是說不如把漢人全殺光，把漢人的牆全部推倒，空出一片大好土地來種青草、牧牛羊。還好有個金人耶律楚材，向蒙古皇帝建議說收稅遠比放牛更好，這才保住了漢人的生命和漢人的牆。

明代爲了防止北方的邊患而重修了殘破的長城，但是明代的長城畢竟也沒有擋得住東北方的滿清，依然是沒有牆的異族浩浩蕩蕩地進了天下第一關，來做漢人的皇帝。

清代中期以後寫在中國歷史上的所有悲劇，根源上是起於東西文化類型上的衝突結果。西方「路的文化」的發展，使他們找路找到東方來，結果是西方開路用的堅甲利砲轟毀了中國式的長牆，於是他們把鴉片的種子播植在中國的牆內。

舊的牆不斷地被推倒，新的牆又接着被建立起來，回顧我們數千年的歷史，結果也不過是新牆推舊牆的戰爭和舊牆加新磚的暫時和平兩種時代罷了。像「異族」君臨中國的元清兩代，他們騎馬衝過長城，推倒了漢族的牆以後，又在中國的土地上建立了新牆；所謂「以漢治漢」的政策，也不過是以漢人之牆圍堵漢人的老方法而已。歷史上所謂的「夷狄入中國則中國亡」，也仍然是他們推倒了漢人之牆又學了漢人的築牆政策，因此最後他們的失敗，似乎也是歷史上的必然回歸。

牆裏的文化

——牆與路的文化之二

以前中國的王公貴族們的居室，不但有高而且大的牆，同時牆外還有寬而且深的池，因為他們只有在高牆深渠的層層封閉下，才會有那種「固若金湯」的安全感；王公貴族以外的一般百姓，也各家有各家的牆。《孟子》書上說「踰東牆而摟鄰家之處女」，可知當時一般百姓人家也是有牆的，只不過一般尋常百姓之家的牆低矮些，偶而還可以「踰」，而不似侯門之牆，深如大海罷了。《詩經》說：「無踰我牆。」也是警告別人，不要侵犯到我的牆裏來。直到今天，臺灣的房子也仍然似乎是以牆的高低來區別貴賤貧富，富貴人家的牆高而且大，上面裝飾著的玻璃片或鐵絲網也特別多而且高。

《論語》子貢說：「夫子之牆數仞，不得其門而入，不見宗廟之美，百官之富。」這話固然是子貢讚嘆孔子學問之偉大的話，但是聰明如子貢者尚且有孔子之學不得其門的感嘆，牆外的大衆，自然也只有望門興嘆的分了。由孔子之學所發展的儒家文化，應該是中國牆內最大的文化代表。儒家文化在傳統的中國人心中建立起了堅固的牆，在儒家的牆內，不但畫分了「君子儒」與「小人儒」，同時也畫分了君臣、父子、夫婦……的階級觀；於是儒家一面教人要樂天知命、和平滿足，一面教人要保守服從，不可「踰距」。孔子一生最大的願望是「復古」，他的哲學思想中的正名、克己復禮、天命等思想，主要的也是爲了恢復周代所建立的那道森嚴的封建之牆。孔子以後，直到今天臺灣所提倡的「文化復興運動」，全是在孔教之牆上添加新磚的做法。有的時代裏，所添的磚多，定孔子之牆爲一尊；有的時代裏因爲佛教或道教勢力的擴張，所添的磚少些，不管磚多磚少，牆卻依然屹立在中國傳統的築牆文化形態裏。清中葉以後，由西方「路的文化」發展到東方來所造成的悲劇、產生的反省，如「中學爲體，西學爲用」，或變法自強，或立憲等運動，其根本心理，仍然是牆內文化人士以孔子的數仞之牆爲中心的添磚運動。五四以來，一些「進步人士」主張接受西方式的路的文化，而提倡西方式的民主科學，以及一切西化的運動，是試圖拆牆的運動，另外一批維護中國傳統文化的新儒家，對儒家文化所做的再思考和再反省的工作是護牆的運動。護牆拆牆之爭，應該也就是近二、三十年來中國文化上最大的戰爭。

以前中國所實行的科舉制度，應該是儒家文化發展的附屬品，實在也是一道圍堵住天下讀書人的無形之牆，讓天下的讀書人在牆門內去十年寒窗地螢雪夜讀，甚至懸梁刺股地去追求那成名的一舉。

和儒敎並稱爲中國三大宗敎的佛敎與道敎的文化，應該也是一種牆內文化所發展而成的個人修養方法。道敎的成仙，佛敎的成佛，其「無我」「去慾」「柔弱」「和平」等等，似乎是一種敎人脫離和逃避現實的靜態修養，這種「靜」和儒家文化再結合逐漸也形成了宋明以來的理學之一種。靜的終極發展，也就有了「呂希哲講主靜之學，至於肩輿過溪，輿夫墜水死，而安然不問」的「安然」之靜了。

長期間生活在築牆文化下的中國人，逐漸也形成了在自己心中築牆的習慣。我們對於一些喜怒不形於色的人，常說他心中「城府」很深，城府正也是無數人們心中的數仞之牆。許多人唯恐自己心中之牆不夠深厚，因此時時處處提防着「隔牆有耳」，我們社會上有許多流傳着的老話說「路中說話，草裏有人」、「話到口邊留半句，不可全拋一片心」或「知人知面不知心」的古訓，似乎也是先人敎導後人在心中設牆的例子。

「牆外行人，牆裏佳人笑。」牆應該也是無數爲情所困、爲情所苦的少年男女之間的無形高牆吧？以前中國禮敎下的男女之牆，和中國傳統的文化同樣的深厚不可踰。貞節牌坊的牆下壓著無數可憐女人的青春和血淚，女孩子們自小就被敎導著在心中設牆。這種禮敎之牆固然造就了無數中國的節婦烈女，但是到明代，也就有忠介公海瑞因爲五歲的女兒接受了鄰家男孩的一塊餅干，而被自己的父親活活逼死的慘劇。

傳統思想下，一些不正常觀念的產生和形成，正如同日積月累被添加新磚而形成的高牆，這道牆至今仍然殘存在無數人的心中，封閉著無數人的心靈。

文化上的牆深深地屹立在人們的心中，固然也爲許多人擋住了牆外的風雨，而使他們獲得了若干的和平和寧靜，但是也封閉了牆外和牆內的交通。過去和現在，都曾經有無數的人想衝出牆外另尋新的道路，但也有人不惜以身殉牆來維護牆內帶給他的和平和安寧。有的人衝出牆外，經過風吹雨打以後又回到牆裏尋找和平，也有的人以頭碰牆，希望完全推倒舊牆重新再建自己理想中的新牆。

牆內的文化正如古老的長城，雖然也曾經寫下過自己輝煌的歷史，帶給無數城內人心理上的安定感，但是卻畢竟沒有擋得住南下牧馬的胡兒。因此今天我們所期望的應該是出長城而戰匈奴的大風猛士，而不是苟安在牆裏爲長城添加新磚的修築人。

路的傳統

——牆與路的文化之三

如果說傳統的中國歷史是一種牆的文化，那麼環繞在牆邊的「異族」以及西方的文化類型，應該可以說是一種「路的文化」。在歷史上一直成爲中國的最大邊患的北方騎馬民族如匈奴、女眞、蒙古，都是一種到處找路的民族，爲了找路，他們先後衝破了漢族的長城而到中國來尋找一條生存的新路。

「北狄」的匈奴族是屬於蒙古利亞民族的一種亞細亞民族，在秦漢時最爲強盛，後來分爲南、北匈奴兩支，南匈奴歸漢，在今天的內蒙一帶繁殖；到晉時，劉淵崛起，成爲中國史上「五胡亂華」的開始。北匈奴到長城裏的中國來找路的時候，被漢族的竇憲所破，逼得他們只有遠走高飛，到西方去尋找另外的出路。西元三七五年，北匈奴征服了 ALANI 族而渡頓河，佔領了倭爾加河與多瑙河之間的平地，逼得日耳曼族南下另找出路，造成了西方歷史上的「民族大遷移」和「蠻族入侵」。這些被逼迫而南下找路的日耳曼蠻族，佔領了西羅馬，做了現代法國、德國、意大利等國家的祖先，由於他們的南侵，造成了歐洲中世紀的所謂「黑暗時代」。

日耳曼人在歐洲建立了國家以後，也開始了築牆式的文化形態。「城堡」正是中世歐洲最大的特色，當時在牆裏的是國王、貴族、主教；牆外的是修道院、農民。來來往往於牆裏牆外的是逐漸形成的商人階級，這些到處找路的商人們所形成的中產階級，就是摧毀中世黑暗時代封建的先鋒。他們的擡頭使得歐洲的歷史從中世移到了近代。中世轉換爲近代的過程之中最大的特點就是「打牆」，他們用蒙古人傳過去的火藥轟毀了中世領主們的城堡而建立了近代國家的基礎。

由商人階級所建立的近代西方國家，因爲是建立在到處找路的「路的文化」類型上，所以發展而成爲西方的帝國主義和資本主義。他們到處去尋找新的市場和新的出路，十五、十六世紀新航路和新大陸的發現，都是由於他們尋找新出路的結果。十七世紀，西方的尋路者找路找到了東方來，法國、英國等在印度建立了他們的「東印度公司」，以印度爲據點，積極地展開了對東方各國的貿易和侵略。十八世紀是英法兩國各爲了「找路」而發生殖民地爭奪戰的時代，早在十七世紀英國的商船已經到中國來敲門問路。十八世紀對中國的貿易幾乎由英國的東印度公司所獨占，十八世紀的末期開始向中國輸入鴉片，鴉片戰爭以後連踵而來的悲劇，全是西方這種找路的文化發展。荷蘭侵入臺灣、法國佔領安南、西班牙佔領菲律賓，整個亞洲除了日本以外，幾乎都淪爲西方「路的文化」類型之下的鋪路白骨。

日本原是接受了中國文化的影響而形成的一種「牆的文化」，由於其地理上四面環海的獨特環境，使得日本可以在融合中國文化的情形下再發展爲獨特的日本文化。一八六七年明治維新以後，日本接受了西方的「路的文化形態」而變牆爲路，於是發展成和西方一樣的帝國主義式的找路文化。甲午戰爭是日本變牆爲路以後到中國找路的衝突的開始，日俄戰爭是兩個在中國因爲找路而發生的戰爭。以後日本的併吞朝鮮和清代的中日戰爭，實在係於牆與路的文化路線的不同。戰敗以後的日本，由軍國主義轉換爲資本主義，但是直到今天，日本對東南亞各地的經濟發展路線，也依然是一種找路的形態。

美國從建國開始就是以找路出發的，十七世紀的英國清教徒們因爲不滿英國政府的壓迫而渡船另尋出路，他們到了美洲新大陸，後來在那裏建立了今天的美國。建國以後的美國逐漸登上了世界的舞臺，而開始了他們找路的活動，一八四六年找路找到東方的日本，一八五三年 M. PERRY 提督帶著他的艦隊威風十足地到日本，一面將礮口對準日本，一面上岸交涉，要求日本「開國」通商。一八九八年美國從對西班牙戰爭奪取了西班牙的殖民地菲律賓，於是在東亞獲得了商業和軍事的基地，成爲美國在亞洲找路的據點。一八九九年美國的工商界人士向美國政府要求堅定對遠東的找路政策，說「中國是美國向海外尋找市場最有希望的地方。」於是國務卿海約翰宣布了所謂的「門戶開放」政策。這個政策一方面是要求西方和東方的各個在中國牆內鋪設自己道路的找路者之間的機會均等，另一方面是要求中國乾脆把所有牆統統打開，讓出一片土地來給到此找路的列強。二次世界大戰以後，美國儼然以世界的盟主自居，爲了伸張自己的找路政策以及防止另一個找路的強者蘇聯，所以美國一方面找路又一方面築牆，直到今天美國在亞洲各地的政策，仍然是一種開路和築牆的混合手段。他們在亞洲的土地上築牆，一方面是阻擋蘇聯南下的找路政策，一方面是保護自己已經開拓好的利益之路。

直到如今仍被美國人視爲金科玉律的門羅主義，其實完全是西方「路的文化」下所發展的產物。一八二三年門羅總統宣布說美洲大陸的事，不許歐洲各國干涉，而美洲也不干涉歐洲的事，這種門羅宣言實際上和後來海約翰對中國提出的門戶開放政策是一致的東西，完全是找路者與另一個找路者之間的平衡和默契。門羅宣言是警告歐洲的列強，不要隨便的來美國的勢力範圍內找路，相對的美國也不到歐洲去找路，另外一個背後的意思，是不是彼此心照不宣地指出了共同來東方找路的暗示呢？

蘇聯自有歷史以來就是到處找路的，因爲他們急需在南方找到不凍的海港出口，最初向日本幕府提出開國通商要求的就是俄國，因爲幕府拒絕了蘇俄的要求，所以他們開始動了強奪樺太、千島的念頭。直到今天蘇聯和日本之間的北方領土問題還未能得到合理的解決。對中國來說，歷史上最大的邊患是來自北方的侵略，蘇聯正是在中國北方虎視中國領土的找路者，近代中國史上的列強侵略，蘇聯一直是重要的主角之一。直到今天，蘇聯仍然爲了發展其路的文化類型的政策而和中共有著相當嚴重的衝突。

西方民族找路的歷史是有著十分悠久的傳統。西元前亞歷山大的東征，到了印度，爲的是要摧毀世界上所有的牆而建立他理想中的統一帝國。中世末期歐洲十字軍的東征，爲的是來東方尋找他們的黃金之路。除了北匈奴的西征和蒙古人的向西發展，東方民族向西方找路的情形並不很多，而西方自從進入近代的帝國主義和資本主義的國家形態以後，就全力地在東方尋找他們自己的利益。美國的門羅主義似乎取得了歐洲列強與美國之間互不找路的默契，於是找路的箭頭完全地指向了東方。傳統下的東方，古老的長城沒有抵擋得住西方尋路者的武器，於是長期地淪爲殖民地和半殖民地的命運。回顧近代史上發生在東方的戰爭，不外是兩種，一是到東方找路的西方各國利益衝突，另一是找路者和築牆者之間的打牆和衞牆的戰爭。

第二次世界大戰以後，美蘇之間因各自找路所發生的衝突直接威脅著整個世界的和平，蘇聯是努力南下擴張自己的勢力，美國則在蘇聯的四週築牆以堵，南北韓之間的三十八度線，東西柏林之間的圍牆，越南的南北分裂，以及美國在日本、臺灣、菲律賓等亞洲國家的軍事基地，全是以牆來堵蘇聯南下的築牆行爲。問題是縱然美國在別人土地上所築的牆可以擋住蘇聯的南下找路，但是美國之牆能永遠擋住牆內民族的自覺嗎？

牆裏牆外

——牆與路的文化之四

近代史階段以前的世界史，可以因爲各民族的經濟生活的不同而大致上分爲三類，卽是農耕社會、游牧社會和農牧社會三種生活方式。因爲生活方式的不同，各自發展出來的文化也自然是不同的。

農耕社會的生活形態所發展的文化類型是一種築牆式的文化，通常是在固定的土地上，以農耕經濟爲基礎而發展的一種自給自足的文化，這種文化的最大特徵是注重地緣性與血緣關係，依據傳統而維持一種安定。築牆式的文化的一大特點是和平，另外是常常有些封閉性、保守性、宿命論、權威主義，也往往陷於抑壓個人自由和創造力的傾向，這種築牆文化下的社會形態，往往是有階級分化和社會固定化的特點。

游牧社會的文化是發源於沒有自然恩惠的乾燥地帶，他們不像農耕文化一樣可以受到大自然的恩惠，他們沒有豐沃的土地，沒有足夠的糧食和水源。通常是一些騎馬民族以家族單位的家畜飼養爲生活的中心，他們常常分散和移動，不能像農耕社會一般地有集團生活的原則性，也不能自給自足，所以通常是向農耕社會去掠奪和侵略，爲了掠奪農耕社會的糧食和土地，所以往往有隨時可以動員的軍事集團。游牧生活所發展的文化類型，是一種到處找路的路的文化類型。這種文化的特點是以個人爲中心，以實利爲主義的現實性文化，同時也具有開放性和自由競爭的特性，缺點是往往因爲自己的實際利益而陷於侵略，其社會缺少農耕社會般的安定性。

農牧社會是介於農耕與游牧之間的，通常是分散的定居各地或半定住的兼營畜牧與農耕的生活狀態，其文化類型也多半是介於牆與路之間。

中國的農業起源於黃土高原，遠古的時候，中華民族就在此地定居，發展了自己的農耕社會的生活形態，爲了保護自己的家園和土地，因此中國人形成了築牆式的文化。中國式的築牆文化最大的特點是愛好和平，所謂「己所不欲，勿施於人」或「人不犯我，我不犯人」的中國式的觀念，都說明了中國民族的和平性。另外是樂天知命，不管在任何困苦的情形下，中華民族始終是保持著一分忍耐力極強的樂觀，總覺得「三十年河東，三十年河西」的風水是圓形的輪廻，苦盡必有甘來，有時候這種樂觀也陷於過分的天眞，天眞地把一切歸諸於天命。宿命的觀念使中國人安分守己，視不應得到的富貴權勢有如天上的浮雲。但是中國人的宿命論卻也不是絕對的，因為有另一種「人定勝天」的思想也是深植在民族的心底，就因為有這種「人定勝天」的觀念，使中華民族產生「窮則變，變則通」的許多妥協性和自主性。妥協和自主看起來是相當矛盾的，但在中國人來說卻能調和這種妥協和自主之間的矛盾。

牆內的人似乎總是會陷於自大，中國人一向自誇自己悠久的歷史和文化，視四周的外國人為夷狄蠻戎，中國人似乎總是天眞地想用自己的文化去感化這些四周的蠻夷，於是狄兵打來的時候，就有皇帝命令自己的士兵隔河朗誦孝經的故事。外國只要進貢一點東西來，中國的皇帝就認為他是稱臣了，於是加倍地送給他們許多東西和承諾。到了近代，西方的武力轟毀了中國的城牆，中國人所提出的還是「西學為用，中學為體」的改良方法，可知「體」(傳統)在中國人的心中是永遠屹立的長城。

自大的附屬品是保守，因為自己覺得自己的東西最好，因此所努力的只是要保守住這些東西就好了，東西當然是越老牌越好，政治也是越古越好，最好古到盤古堯舜，所謂「無為而治」、「垂衣裳而治天下」，都是由於思想上認為最古的而且最好的已經存在了，後人自然不必白費工夫地去改正它。

因為保守和退化的復古觀念，使中國以前長期地陷於封閉，也使中國人變得懦弱，因為許多哲學家不斷地要人們保持「柔弱」，「柔弱生之徒，老氏戒剛強。」於是使許多人所理想的是飄逸如雲，柔軟如水，所怕的是剛強如箭而折。儒家的儒字，在文字學上有「柔」「需」（須，優柔懦弱的意思）等意思，是一種保守性極強的文化宗教。儒家的文化幾千年來是中國文化的骨幹，當然並不是偶然的事。

游牧的民族是以蒼天爲帳，以大地爲床，逐水草而居的。據說亞洲北方的草原沙漠地帶，在新石器時代就散布著許多原始游牧民族，西元前五〇〇〇年前後從西邊傳入了青銅器文化，發展爲騎馬民族而開始了對中國農耕地帶的掠奪。

游牧民族的最大特色是「動」，因爲他們必須隨著季節和氣候而遷移，在不斷的遷移中發生了「找路的文化類型」。

英文中的TRAVEL（旅）的語源是TRAVAIL（勞苦、苦役），旅的還原意思是指人類的空間移動，包括了旅以外的漂泊、巡禮、放浪、遊行、交通等範圍。狩獵民族和游牧民族的生活就是一種「旅」的生活，這種旅和定住在一定地方的農耕民族從甲地到乙地的固定的「旅行」是不一樣的，而是一種不斷探求和體驗新的空間、新的時間的一種生存上的更新，是一種風或是雲的精神。建立在旅的文化是一種找路的文化。

路的文化的一些特點和牆的文化正好是相反的。牆的文化是靜態的、保守的；路的文化是動態的和進取的。牆內的民族因爲生活在自己的牆裏，在沒有風雨、沒有饑餓的情形下往往產生一種和平的個性；但是旅的民族，在風吹雨打的長期跋涉和忍受饑餓的情形下，就往往產生一種掠奪性和冒險性，他們必須去掠奪能夠搶到手的食物才能維持自己的生存，他們必須冒險，克服自然界的種種困擾才能生存。因此他們不能像牆內民族一樣把自己融合在自然之中，和自然取得和諧的關係；他們必須和自然戰爭，不是被自然征服，就是征服自然。東方人看雲是變幻莫測的自我，是蒼狗、是瞬息萬變的人生，雲經常是在東方人的心靈上；西方人看雲是由天地昇起的水蒸氣所聚集而成的水滴，雲是雲，我是我，因此他們所想的不是如何化雲爲我或化我爲雲，而是如何去征服雲和利用雲。

牆的文化形態下的民族，因爲是各人活在自己的牆內，所以是你信你的神，我信我的神，往往由此而發展成一種多神的宗敎。牆外的旅行民族，在風雨中流浪的生活使他們渴望能有眞正而唯一的神，他們寄望這唯一的救主能夠把他們帶到安全的樂鄉，由此而容易地發展成爲一神敎，對於持有不同信仰的人，往往不能像牆內民族一樣讓他們自由並存，而採取嚴厲的禁止和迫害。

牆文化形態下的民族是「日出而作，日入而息」，誰當皇帝都與我無關，反正是我有我的牆，他有他的牆，因此一方面往往陷於封閉，又一方面陷於對權威太過於服從。他們往往認爲人家張三當皇帝，是因爲前生就有了當眞龍天子的命，我生活痛苦，是因爲我「命」苦，所以我只好服從張三。因爲長期間生存在牆內，所以發展而成的人生哲學也往往是一種由內在而深潛的自我反省與修養，於是東方的聖人敎人們如何修身齊家、如何去人欲而存天理、如何成仙成佛成聖。牆外的旅人，由於長期找路的痛苦經驗，使他們知道生存需要足夠的力量，大自然是無情的，唯有強者才能生存，弱者要被淘汰，生存是無盡無休的戰鬥，不但要征服自然，還要征服自己的同類。張三之所以當領袖，並不是他有什麼天子命，而是因爲他力氣比我強大，如果我能打倒他，我自然也可以得到他的位置，我們都是流浪四方的尋路者，我們是平等的，誰也不見得比誰更受上帝的寵愛，只要有力量，就可以自由地參加競爭。

西方的歷史和文化是源於希臘文化，亞歷山大的東征和統一世界的夢想實是西方路的文化形態的始祖，中世紀北方蠻族南侵以後，經過了一段「城堡政治」以後，到近代所發展的帝國主義和資本主義，實在是路的文化形態發展的高峯。牆與路因爲文化形態的不同，所發展出來的大致可以說是：

牆的文化類型之下的民族和文化性格是和平、保守性強、宿命論、權威主義、知足、自大、復古、柔弱、宗敎自由。

路的文化形態下的性格則是侵略、進取、殘酷、自由、不安定、強權主義、創新、貪取、宗教統一。

江山萬里

——中國文學與風土

東方曰夷，被髮文身。南方曰蠻，雕題交趾。西方曰戎，被髮衣皮。北方曰狄，衣羽毛穴居。

〈王制〉

東西南北四方，因爲土地環境的不同，所以土地上的人們的生活形態也各異，而居中間的「中國」，則是「黃帝堯舜，垂衣裳而天下治」的文化中心。其實這種文化中心的觀念是居中原地區的華夏民族自以爲是的說法，是中華文化本位思想所產生的大漢族主義，在漢族的本位主義下，四周的民族自然就是夷狄蠻戎了。

廣東人自以爲廣東話是天下最悅耳動聽的語言，而廣東之外的人聽來，則難免是「鴃舌啅噪」。上海人聽北京話，覺得單調呆板，而北京人聽上海話，又覺得有點兒「輕浮鄙陋」。不同的土地上所使用的不同語言，在本地人來說是理所當然，而在外地人來說則是鴨子聽雷，不知所云。

> 江南之士，輕薄奢淫，梁陳諸帝之遺風也。河北之人，鬪狠劫殺，安史諸凶之餘化也。飽食終日，無所用心，難矣哉，今日北方之學者是也。羣居終日，言不及義，好行小慧，難矣哉，今日南方之學者是也。
>
> 《日知錄》

土地的不同，使得人們的性格也各自相異，不同的人自然也就形成了不同的性格與文風，顧炎武所論的，就是他的時代大江南北的差異。

在中國廣大的土地上，北方有孔子，南方則有老子。南北的地理環境孕育了儒家和道家兩種不同的哲學思想。孔子一生，當他在魯衞齊諸國，他的學說和他的弟子們都受到相當的尊重，可是一旦往南走，就至宋而畏，至陳蔡而受困，至楚則受到南方道家隱者接輿、文人之流的嘲諷。因此也可以看出，學術一旦離開了自己的土地，只是失根的蘭花。

> 燕趙多慷慨悲歌之士，吳楚多放誕纖麗之文，自古然也。自唐以前，於詩於文於賦，皆南北各為家數。長城飲馬，河梁攜手，北人之氣慨也。江南草長，洞庭始波，南人之情懷也。散文之長江大河，一瀉千里者，北人為優。駢文之鏤雲刻月，善移我情者，南人為優。蓋文章根於性靈，其受四圍社會之影響特甚焉。

《中國地理大勢論》

南北文學上的風格互異，正如梁啓超所論，是受四圍社會的影響。社會是由土地上的人羣所組成的，正如《詩經》和《楚辭》兩大文學作品的不同，自然也是源於風土的不同。

以下，且看一些文學上的例子。

1. 天空

敕勒川，陰山下
天似穹廬，籠罩四野
天蒼蒼，野茫茫
風吹草低見牛羊

這是塞北大漠的天空，長城之外是萬里黃沙和連天草原。不論是沙漠或是草原，都遼闊到使人覺得天地悠悠而愴然淚下，草原上的游牧民族，有時候羣集南下，衝破邊塞而飲馬黃河，不然就是被出關的漢軍追逐屠殺。中國的歷史，似乎就是以長城爲中心的攻掠和防衛之間的循環。游牧民族的文化，所信仰的是天空、太陽與父權，不同於農耕民族是以大地、月亮和母性爲文化的中心，游牧民族的天體是至高的神，是風雪暴雷，是絕對的權威象徵。

……

念去去，千里煙波
暮靄沉沉楚天闊
多情自古傷離別
更那堪冷落清秋節

江南楚地的天空，如果沒有洞庭長江，自然不會有千里煙波和沉沉暮靄，楚地的江天是煙雨濛濛的江南哀愁。和塞上的秋風戰馬，落自孤煙的蒼天，自然不同。

2. 雁和燕

花露重，草煙低，人家簾幕垂。
鞦韆慵困解羅衣，畫樑雙燕棲。

游絲不解留伊住，謾道閒愁無數。
燕子為誰來去，似說江南路。

人們每見燕子，總會有一種似曾相識的喜悅，同時又有春歸燕歸，留不住的惆悵。燕子像是一個閨中女子的閒愁和柔情，是一種輕柔飄逸的美感。

如果你是在一江蘆葦連天而白的秋天，舉頭望見高空南飛的征雁，或是在旅途的孤燈長夜，忽聞孤雁兩三聲，雁給你的感覺，或許是一種不知明日何處的漂泊和孤寂。據說南飛的雁，飛到衡山就停足不前了，所以湖南衡山有回雁峰，也因此而有「雁陣驚寒，聲斷衡陽之浦」的王勃名句。

曉風酸，曉霜乾，一雁南飛入度關。
客衣單，客衣單，千里斷魂，空歌行路難。

雁與燕同音，同是候鳥，而在不同的時空，不同的土地，出現在文學上是如此不同的象徵。回到你堂前對你呢喃細語的是玲瓏多姿的燕子。離你遠去，雁過留聲的是相見渺如雲漢的雁。

3. 柳與楓

昔我往矣，楊柳依依。
今我來思，雨雪霏霏。

這是北方的柳。中國古代親友離別的時候，有折柳相贈的習俗。漢代人所折的是灞橋的柳，唐代人所折的是渭河兩岸的柳。不管是何地的柳，都是離別的象徵。在神話裏，柳谷是太陽西沉的地方，也就是日落之處的羽淵。在古代人的觀念裏，人死有如日落，是回歸到另一個終年不見日光的幽冥世界之中。柳樹是夕陽的日光所聚，也是日落之處，是亡魂所聚的冥谷。所以古代中國人用柳木做靈車，稱爲柳車。

柳樹又是古代祈雨祭儀所用的聖木，因此柳字又作「檉」字。《齊民要術》說正月元日，取柳楊枝插在門前，百鬼不入家，是說柳樹具有驅邪避鬼的巫術功能。柳葉細如絲，很像飄飄的細雨，天將下雨，檉先起氣迎之，所以柳樹又稱爲「雨師」，是司雨之神所宿。民間楊柳觀音，清淨水瓶之中插著柳枝，也是掌管雨水的神。

渭城朝雨浥輕塵，客舍青青柳色新。
勸君更盡一杯酒，西出陽關無故人。

人生聚散，一如館前青青的柳樹。只要有水的地方，就有柳樹，只要有柳樹的地方，就有別離與重聚。

暮春三月，江南草長，
雜花生樹，羣鶯亂飛。

又是不同於渭城之柳的江南。姑蘇城外寒山寺的鐘聲，敲醒了多少歷史的滄桑和人世間的浮沉。苧蘿山溪邊浣紗的越地女子，每當匆匆的蓮季過了以後，留下的是「年年越溪上，相憶採芙蓉」的等待和相憶。錢塘江上，月圓之夜高漲的浪濤，是伍子胥滿腔的怒火和委屈……歷史和文學上，都是生根在江南的每一片大地上。

湛湛江水兮上有楓，
目極千里兮傷春心，
魂兮歸來哀江南。

在楚地，每當霜染楓林，紅葉滿地的時候，人們會想起一個古老的神話。神話說九黎之君苗蠻之長蚩尤，和黃帝戰爭失敗了以後，黃帝在宋山殺了他，棄其械梏，化爲楓林。楓樹是苗族的祖先蚩尤的血魂所化。

楓樹是西南邊區苗族所信仰的神聖樹，也是他們祭祀的祖林，苗族的創世神話說天地間最早產生的就是一株巨大的楓樹，人類自楓樹而生。最早楓樹中飛出了一隻蝴蝶，是人類的原始母神蝶母，由楓公蝶母而有地上的人類和萬物。人類來自楓林，死後其魂靈再回歸楓林，於是楚地自古而有起殤和招魂的巫術祭儀，這也是後來《楚辭・國殤》和〈招魂〉的層層結構因子。

每一棵楓樹都是祖先靈魂所寄，每一隻蝴蝶都是一個在人間尋找自己前身的孤魂。湛湛江水上飄落的紅葉，如同離我們遠去的古代神話，淒涼而且悲壯地映照著江南古老的楚地。

4. 長江、黃河

塞外和江南，長江與黃河，關外的白山黑水與西北的絲路，東南閩粵和西南滇蜀，都是中國廣大地域上各具特色的地理單位，也是各種不同風格的文學根源。關東大漢所唱的大江東去和紅襟翠袖所詠的楊柳岸曉風殘月，是不同的風格。壯士一去不復返的蕭蕭易水，和江花似火，碧水如藍的南國河川也不同。秋風駿馬的塞上和杏花春雨的江南，也是南北地緣與文學的互異。

讓我們看看長江和黃河兩條中國文化命脈所呈現的文學。長江、黃河之源，僅一山之隔，及其入海則有千里之遠。

前不見古人，後不見來者，
念天地之悠悠，獨愴然而涕下。

是黃河的下游，戰國時代的燕國首都幽州，陳子昂此詩是以幽州古都的天地爲舞臺而抒發的生命感慨。

此地別燕丹，壯士髮衝冠，

昔時人已沒，今日水猶寒。

駱賓王的〈易水送別〉是對戰國荊軻的哀悼以及對滄桑歷史的緬懷。

魯酒不可醉，齊歌空復情，
思君若汶水，浩蕩寄南征。

李白到了沙邱城，想起了他的好友杜甫，於是在山東的黃河邊，寫下這樣的〈沙邱城下寄杜甫〉的詩。杜甫也曾經登過曲阜、兗州城樓，他看到的黃河是：「浮雲連海岱，平野入青徐，孤嶂秦碑在，荒城魯殿餘……。」

沿黃河而上溯，則到汴梁。宋代的首都汴京是今日的河南開封，古都洛陽也是在黃河之水伊洛之間。

廣武城邊逢暮春，汶陽歸客淚沾巾。
落花寂寂歸山鳥，楊柳青青渡水人。

王維於寒食節渡汜水，汜水是在洛陽和開封的中間，離鄭州四十公里。汜水邊的老人黃石公，曾授張良兵書，使得一個雄姿英發的少年刺客變化而爲沉潛從容、視功名如雲煙的開國良臣。靜靜流向黃河的汜水，給中國的歷史帶來了「天才時代」的一頁。

汴梁過了是太原、長安的關內黃河。漢武帝行幸河東，於汾水上祭祀后土，設酒宴與羣臣飲。秋風正緊，黃葉飄飄，英明一世的漢武帝也不禁悲從中來，唱出了他的〈秋風辭〉：

秋風起兮白雲飛，
草木黃落兮雁南歸，
蘭有秀兮菊有芳，
懷佳人兮不能忘。
……
歡樂極兮哀情多，
少壯幾時兮奈老何？

上溯函谷關，是山西河南交界的潼關，渡口是風陵渡，風陵渡之北蒲州西南有鸛鵲樓，就是王之渙所登的：

白日依山盡，黃河入海流，
欲窮千里目，更上一層樓。

長安是李白的「秋風吹不盡，總是玉關情」，是杜甫的「國破山河在，城春草木深」，是王維的「勸君更盡一杯酒，西出陽關無故人」，是白居易的「慈恩春色今朝盡，盡日徘徊倚寺門」。

雲橫秦嶺家何在
雪擁藍關馬不前

唐代以及後世，有多少人離開長安，過秦嶺而貶向遙遠未知的南方？遲遲去國，遙望長安，雲雪茫茫，驪歌愁絕。

西出陽關，就是塞外。是「秦時明月漢時關」，每當白髮的龍城飛將歸去，胡馬已度陰山。是塞外的草原游牧民族和關內農耕民族長期的爭戰與短期的和平。

走馬西來欲到天，辭家見月兩回圓，
今夜不知何處宿，平沙萬里絕人煙。

天寶十三年（七五四），岑參以安西北庭節度判官的身分出關；北至新疆，所見是「崑崙山南月欲斜，胡人向月吹胡笳。」漸行漸遠，黃河已經快到水源的盡頭了。

黃河所經過的華北各省，孕育了歷史和文學，不同的黃河之水，也是不同的文學風土。中國的文學與風土，黃河是個很好的例子。至於屬於長江的巴山夜雨、巫峽猿啼、高唐神女、雲夢瀟湘等，則又是另一種風土和文學，關於長江的部分，因為篇幅的文字所限，留待別稿再談。

淮水之陽

——淮陽太昊陵廟會紀行

一、潁川之水

淮陽的太昊陵人祖廟會是每年農曆二月二日到三月三日整一個月，我們決定在廟會開始時，趕到淮陽。

鄭州到淮陽沒有火車，汽車的車班也極少，我們只好雇車前往。本來五個小時的車程也就可以到了，因爲上午先去了河南登封嵩山的少林寺，所以車到淮陽的前一站周口時天已黑了。與其摸黑趕去淮陽，不如且在周口住店。周口，是潁川河邊的小市鎮。

廣濶的大平原上是一排排的楊樹林，無葉的白楊在三月的寒風中等待春天的新綠，落日掛在樹梢，夕陽滿天。黃色大地上的潁川，一如姑射山上處子臨風飄飄的白衣。

潁水安靜地流向淮河，這條源於登封之西的清流，是古代神話傳說中隱士許由洗耳朵的地方。許由居於潁水之陽，堯天子想召他爲九州之長，許由厭聞政治，覺得這個邀請實在玷汚了他的耳朵，所以在潁川之濱洗耳朵。這時候另一個隱士巢父正牽著他的牛要到河中喝水，當他聽說堯要找許由做官所以許由跑來洗耳朵的事後，連忙對許由說：「可別玷汚了我的牛。」牽著牛到上流去飲水了。晉代郭璞〈遊仙詩〉說：「翹迹企潁陽，臨河思洗耳。」指的就是許由的故事。

潁川也是陳姓氏族的發源地，這一帶是古時候的陳國，淮陽就是春秋時的陳都。殷商時，封帝舜的後裔嬀姓氏族於陳。西周武王伐紂，在陳找到帝舜的後代嬀滿，是胡公，胡公的後代子孫以陳爲姓，之後陳姓子孫遍布天下。

我們一行四人，其中兩位姓陳，一個來自臺灣，一個自北京來。儘管天南地北，相距千里，而在遙遠古代，他們共同的祖先是共飲過眼前的潁川之水的。

二、桐花片片

清晨的潁川，薄霧茫茫，幾雙烏鴉棲息在散置河邊的帆船的篷桅上。

我們拿著北京馮其庸的介紹信去淮陽縣廳找呂縣長。縣太爺不在，管事說是陪法國朋友趕廟會去了。

先去弦歌臺吧！

弦歌臺在距離太昊陵南邊不遠的地方，緊臨陳都（淮陽）的南城牆，四周全是沼澤湖泊。在古代這裏是千湖相連的一片汪洋，弦歌臺是湖中唯一的孤島。

兩千五百多年以前，孔子帶著子路、顏回、子貢離開魏國，要進陳國去等著見楚昭王。陳都戰火正緊，城門緊閉。陳蔡之徒把孔子和他的學生，困在這個葦蒲雜生，野渡無舟的孤島上。桐花正開，片片隨風飄落在孔子師徒的衣袂上。

他們已經幾天沒有食糧，唯一的食物是湖中的葦蒲草根。孔子鎮定溫和一如平日，在桐樹林間彈琴、唱歌、講學，七天過去了，子路再也無法忍受心中的委屈和不平，站起來走向正在彈琴的孔子：「老師，您多年來一直教導我們要做君子，可是，君子難道也會像我們今天這樣處於如此的困境嗎？」

琴聲驟止，孔子望著面前的子路，點了點頭，平靜地說：「是的，子路，君子也有窮困如斯的時候。可是，不管是在怎樣窮困的環境之下，君子還是君子。如果是小人的話，那麼一遇到窮困的環境，就什麼原則也守不住，什麼事都做得出來了。」

桐花滿地，葦蒲滿湖的孤島上，在陳絕糧的孔子留下這句「君子固窮，小人窮，斯濫矣。」的話。

當年孔子絕糧的孤島上起了雄偉的殿宇，歷代的皇帝，勅令每年在此舉行奉祀孔子的典儀。如今湖邊的葦蒲依舊，幾個孩子在葦蒲草垛之間嬉戲。千里的湖泊有的被塡平成了陸地，有的被重畫成個體戶承包養魚的池塘。

當年的宏偉殿宇卽是眼前的殘垣斷壁，我們只能在斑落朽壞的城壁上，找到一些宋元明淸的歷史痕跡。這塊當年孔子絕糧的地方，一如絕糧的孔子，在文革期間遭到紅衞兵爲所欲爲的洗劫和破壞。

「堂上弦歌七日不能容大道，庭前俎石千年猶自仰高山。」大殿石柱上的對聯正是大道被毀，俎石上染滿了固窮的君子們鮮血的文化大革命的忠實見證。

弦歌臺如今被用做淮陽縣靑少年監獄，關了一些「窮斯濫矣」的男女小人，看守這些小人的是一羣綠衣紅星的解放軍戰士。不知道是誰想出把弦歌臺改成監獄的好主意，是爲了要讓孔子的弦歌來感化這些小人？或是要讓這些小人來敎育固窮的孔子？

三、龍祖太昊

中國人自稱是「龍的傳人」，龍的始祖卽是傳人的共同祖先。在神話中，伏羲太昊是龍祖也是人祖，人面而龍軀的形象，說明了他是龍與人的雙重結合。他原是古代風姓氏族祭祀的祖師，由風姓氏族分布出來的任、宿、須、句等姓的部族，在春秋時代以前曾建立過一些國家。伏羲又名大皞（太昊），《左傳》中說：「大皞氏以龍紀，故爲龍師而龍名。」可知他的族人是以龍神作爲自己的祖神，伏羲傳說是居於陳，都宛丘（今天的淮陽）。

神話中的伏羲是東方的青帝，也是春天、草木之神，他是雷澤之中龍身人頭的雷神的兒子。在神話被歷史化了以後，他又成了三皇之一的太古聖王，曾敎導人類用火以及結繩作網，捕魚狩獵。他又是音樂的創始者，曾經作瑟，而且編過叫「駕辯」的樂曲。他又是文化的始祖，因爲他仰觀於天象，俯察於地法而作了八卦。

伏羲名字的原義是「屈曲」，含有春天萬物屈伸生長的意思。後來伏羲的神話與另一個人類母神女媧相結合，而有伏羲女媧同爲人類之祖，造人主婚等內容。龍祖人祖相連，當地的人也有望文生義，從「伏」字是人邊一條犬的字形，而有伏羲原義是一條狗，人類始祖是由狗化生而來的信仰。淮陽每年廟會當地人都捏泥泥狗以祭伏羲，就是由此人祖信仰而來。他們也捏一種鳥形的泥塑，其意義或許與「天命玄鳥，降而生商」的人祖信仰有關。在他們的泥泥狗身上，常看到特別強調的男根和女陰，或男女同體等，這些又說明了人祖信仰是源於古代人的生殖崇拜。

我們根據《淮陽縣志》的記載，知道淮陽太昊陵的人祖祭祀最早始於宋代，建隆元年太祖趙匡胤親頒「修陵奉祀詔」，規定每年春秋以太牢祭之。明代的朱元璋曾親自到太昊陵祀伏羲。明清以至民國，每年都由帝王遣官到淮陽祭人祖。

「二月二，龍擡頭」，所以祭祀龍祖的廟會是從春雷初響龍擡頭的時候開始，「朝祖進香，祝龍托福」成了人們前往祭祀的主因，後來每年的廟會又成爲萬商雲集，以物易物的臨時會場。一九五一年中共改太昊陵廟會爲「物資交流大會」。一九五八年爲破除迷信，禁止人民朝祖進香。一九六六年文化大革命，廟會被廢除，廟裏的道士被驅逐下放，直到一九八○年以後才又漸漸恢復。

四、廟裏廟外

太昊陵前面的石橋上，擠滿賣香紙的小販。人們只要一近石橋，他們就一擁而上，把手中的香紙硬塞給你，然後伸手要錢。殿前的古道兩旁，有賣糖葫蘆、煎餅、草藥、冰棍兒、塑膠洋娃娃、廉價衣服的……各有各自獨特的叫賣喊聲，帶著濃厚的中原鄉音。

把門收票的是幾個長髮的青年，一面抽烟一面嬉笑。他們對當地的鄉下香客厲聲嚴色，而對穿西裝的或外國朋友則又笑容可掬。

那邊的戲臺上是一個年輕女子領著一個七、八歲的女孩，在喧譁難聽的流行歌音樂中扭腰擺臀。兩人都是濃粧艷抹，緊身的長褲上面套著一件艷紅的內褲，這大概就是今天大陸開放政策下的性感尺度了。

那邊布圍子裏傳來：「老虎騎馬，請快來看，抓緊時間，買票進場……」的呼喚聲，原來是來自上海的馬戲班子。招牌上面畫著一些虎豹獅象和幾個妖艷美女，表演的節目有空中飛人、美女騎虎、猴子騎單車、巨蛇呑象……

正殿前面的廣場上是「萬商雲集」，賣布老虎、泥泥狗以及塑膠娃娃。那種塑膠娃娃全是裸體的男娃，有的卻是藍眼黃髮。這種娃娃生意特別好，買的和賣的都說買了這裸體洋娃娃，就可一舉而生男丁。廟外是買娃娃以求生子，廟內卻掛著淮陽縣計畫生育委員會主辦的「計畫生育圖解展覽」，叫人民一定要抓計畫，搞節育。廟外是一羣羣人把蘸滿了香灰的饅頭往口裏送，廟內是淮陽縣科委會主辦的「破除迷信版畫大展」。

牆下幾個乞丐，有的斷腿，有的獨臂，鳩面鶉衣，匍匐在地上向往來的香客乞求施捨。

正殿中的人祖爺伏羲上人，赤腳袒胸，腰圍樹葉，以示遠古洪荒。胸前雙手捧著八卦，以示開天立極。兩旁兩個赤腳大仙，分別手持河圖洛書，以示文明肇始……

重重殿宇的後面那個大土丘，就是人祖的陵墓所在。史書說伏羲太昊死後葬於陳，後人追念其功德，在境內壘土為陵，修廟而祭。陵前是一片火一片烟，每個燒香的信徒，都跪在烟火之前高聲喧嚷她們對人祖爺的祝文和要求。身旁一個明眸皓齒，著長統馬靴的女臺胞合掌向人祖爺鞠躬，不遠處的一個男臺胞身背相機，手拿另一臺相機，對著香客猛按快門。

正因爲淮陽縣府還沒有重修太昊陵的預算，所以使太昊陵依然保存了宋元以來的舊貌，古樸莊嚴，令人感覺到滄桑歷史之中的香火傳統。太昊陵應該列爲國寶級的保存古蹟。千年來不變的香火傳承，宋元以來不變的太昊陵，震耳欲聾的現代噪音，殿內殿外牆上壁上的「抓革命，搞生產」之類的口號標語，冰糖葫蘆和冰淇淋，羊肉泡饃和奶油蛋糕，強調男根女陰的泥泥狗和藍眼黃毛的塑膠娃娃，點痣手相和電子科學算命機……

淮陽的太昊陵廟會琳瑯滿目應有盡有，而不應有或不必有的，似乎又多了那麼一些。

IV.

阿美的仙鄉

在時間能夠使一切現實世界的人和物改變的情形下，人們自然會產生征服時間或逃避時間的希求。古代的方術之士或神巫道徒之流，挾其不死之藥以抗拒死亡，民間故事裏神仙所持的神泉仙食，食之使人青春永駐。以至今日的醫學技術和百貨公司裏琳瑯陳列的各種化粧品，所有的作用不外都是希望延長自己的生命和保持自己有限的青春。

但是，誰也逃避不了時間的控制，所有的人和所有的事，都必須依著「成、住、壞、空」的鐵則進行循環與回歸，於是許多民族都有類似的一些仙鄉的故事。海上霧氣中的蜃樓、高聳入雲的山嶽、河流的源頭、海中的遠方孤島……這些與現實社會隔絕的地方，都成了理想的天國與不死的仙鄉。任何人只要能夠進入這塊樂土，便能超越生死，也就是逃避開時間的控制，而到達一個絕對自由的世界裏去。

阿美族有一則傳說：有一個叫木齊的漁人，在溪邊打漁，不愼落水，隨著河流漂到了一個沒有男人的女兒島上，島上的女孩子把他當做寶貝似地，每天用好酒好菜款待他，他成了島上所有女子共同擁有的丈夫。

可是，醇酒美女的生活過了一段時間以後，他開始懷念起遙遠故里的親友和他打漁的那條溪流。有一天，當他在海邊望著遠方懷念故鄉的時候，一隻鯨魚游來了，告訴他：「我可以帶領你回到故鄉，但你必須在回鄉五日以後，以小豬五頭、米酒五石、檳榔五包在海邊祭我……」木齊跨上了鯨背，越過太平洋回到了花蓮的故鄉。

故鄉的一切都改變了，所有的老友也都失散了，只有一個白髮的老者告訴他：「以前我聽我祖先說，他的一個叫做木齊的朋友，出河打漁，一去未返……。」

他如約於五日之後到海邊祭鯨，鯨魚吃了肉和檳榔，飲盡了米酒，臨行之前，牠教阿美族人造船的技術，從此阿美族才有了木船。

居住在太平洋濱花蓮一帶的阿美族，是透過這個仙鄉的故事說明他們造船的起源。漁人木齊只在女兒島上過了短暫的一段日子，可是回到故里卻是「親舊零落、無復相識。」的滄桑。除了阿美族之外，日本、菲律賓、琉球、南洋羣島一帶的許多民族，也都有與此類似的仙鄉故事，在大同小異的仙鄉故事裏，共同的結構主題是，以時間爲最重要的因素。

徐福與仙藥

日本紀勢本線新宮駛東一百多公尺的地方，有徐福的石碑，上面寫着「秦徐福之墓」，碑是朝鮮人李梅溪的筆跡，此碑是一七三六年建立的。在離石碑北方三、四百公尺的地方有一個阿須賀神社，其中有徐福祠，當地熊野川背後的山叫做蓬萊山。

橘南谿在他的《東西遊記》中說：「在秦始皇的暴政下，有一個想逃避苛政的方士叫徐福，他告訴秦始皇海上有蓬萊仙山，那裏住著仙人，煉有長生不死的藥，他願意爲皇帝去求藥。於是他帶領著五百童男童女、五穀的種子、耕作的農具，乘船離開了中國，結果是到了日本，在熊野一帶耕作，養育那五百童男童女。因此徐福的後代就在熊野一帶開始昌繁起來了……徐福的墓在新宮的濱手地方的田野中，有古木五六株，石碑上刻『秦徐福之墓』。徐福之船初上陸是在新宮東方六、七里的一個叫波多須村的地方，此地方故老相傳，徐福是在十二月晦日由波多須村的矢賀之磯登岸的，在此地暫居了一段時間後，又移往本宮、新宮、那智等地云云。」

在中國正史裏，《史記》、《漢書》、《後漢書》等都記載著徐福海上求仙藥，一去不回的事，《太平廣記》說唐玄宗的時候有一男子從登州（山東蓬萊）海上出發，船行十餘月，到了一個孤島上，見到了徐福，並且徐福還給了他一些仙藥要他帶回中國云云，那時候的徐福當是千歲以上了！或許是因爲吃了仙藥而長生了吧？

在日本有三個地方是稱爲蓬萊的，即是富士山、尾張國熱田宮、熊野三處，熊野就是上面所說有徐福之墓的地方，十世紀的時候齊州（山東濟南）開元寺的僧義楚，在其〈義楚六帖〉中說，秦的徐福到了富士山下而止，子孫皆稱秦氏。

自來中國人是很相信正史上所見的徐福傳說的，也有許多人相信今天的日本民族就是當年徐福所率領的五百童男童女的子孫，這麼說中國和日本倒也很像是一家人的樣子了。但是日本人除了侵略中國時強調過「同文同種」以外，他們是不相信自己的祖先就是乘桴浮海而來的徐福的。

周樹人曾經和內山完造談過徐福的事，他說徐福只不過是一個煉藥失敗的方士，他無法把世上沒有長生不死仙丹的話奏告皇帝，爲了逃避被殺頭的危險，所以想出了最後的脫身之計，告訴皇帝海上有蓬萊仙山等話，於是率著他的族人乘船浮海。從頭開始，徐福就是一種有計畫的逃亡……。

似乎是越富貴的人越想長生不死，凡是派人四下尋求長生藥的也都是那些有權有勢位居人君的傢伙，對於貧苦和受壓迫的人們，「長生」只不過是痛苦的延長，「不死」也就成了無盡的折磨。

中國歷史上所見的一些尋求長生不死藥的故事，似乎都是一些淒涼的悲劇，彎弓射日的后羿，翻山越嶺地西上崑崙，從西王母那裏請求來的仙藥卻被自己的妻子嫦娥偷偷地吃了。嫦娥或許並不渴望長生不死，所以偷吃仙藥爲的或許是想永遠離開身邊跋扈的丈夫吧？結果，嫦娥飛進了千年的寒宮，碧海青天，滄海明月，嫦娥成了千古以來最寂寞的女人。然後是秦始皇，然後是漢武帝，然後是後世許多的求仙藥者。

東方海上虛無縹渺之間有仙山的古來傳說，是古時候燕齊一帶的人們，在東方旭日昇時，在海上的霧氣中所見的海市蜃樓，或許是勞苦役役的海上漁民，在痛苦的現實下所幻想著的遙遠淨土吧？這片淨土不是屬於那些沉醉在醇酒婦人之間，而求長生不死的宮殿朱門。縱然多情的三郎命令臨邛道士升天入地，碧落黃泉地尋求遍了，也無法再找回已成白骨的楊玉環了。

酒店關門，劇終幕落，火車到站，都是終點；到時候就該起身離坐，爲的是好讓出座位給後來的人。與其上窮碧落下黃泉地去尋找虛無縹渺兩處茫茫的仙山，倒不如趁著酒店沒關門之前再盡一杯，或火車沒到站以前，再看看窗外的大好風光。

（附記：徐福之墓的資料是據日本德間書局發行的雜誌「中國」第六十二號。）

《楚辭・天問》與苗族古歌

長沙五陵蠻又稱「五溪蠻」，指的是秦漢時期住在洞庭湖及雲夢大澤一帶的苗蠻之人，他們是十分勇武的民族，在今日所留的銅鼓上，我們看到手持干戈頭揷羽毛的戰士，即是古代的苗蠻。五溪蠻的名稱是因爲他們居住的地方有雄、樠、無、酉、辰五條溪而得名，這些苗蠻族羣，在神話上共同擁有盤瓠信仰，後來因爲楚人勢力的侵入，使他們開始遷移，有的南下廣東、廣西、雲南等地，有的向東南直到閩越各地，逐漸發展成爲今天的苗族、瑤族和畲族等不同的民族。

秦漢之前，苗蠻族羣住在今天的湖南岳州、湖北的武昌、江西的九江之間，也正是楚民族的勢力範圍。當淮水下游江蘇、安徽一帶的楚民族，也卽是擁有青蓮崗文化的楚人，他們的勢力進入兩湖、江西等地的苗蠻地域，自然促成了種族與文化的交流與融合。經過長期的戰爭與融合，楚人逼迫原住的苗蠻諸族，再度向西南遷移，將苗蠻之地據爲己有。西周時，楚君熊渠，對周王室自稱「我蠻夷也」，一方面表示自己是不同於周王朝的異族，拒絕接受周王朝的規制，另方面也反映著楚民族與苗蠻族羣融合的歷史事實，苗蠻諸族與楚文化上的融合，最顯著的例子是《楚辭・天問》篇與苗蠻口傳神話〈古天問〉的雷同，如天問原文：

曰遂古之初（遙遠的太古之初的事，）
誰傳道之（是誰傳播的呢？）
上下未形（天地還沒有分離，）
何由考之（根據什麼知道的呢？）
冥昭瞢暗（在不分晝夜的一片黑暗中，）
誰能極之（誰能看得清楚明白呢？）
馮翼惟象（生氣充溢而又無形的東西，）
何以識之（為何能看得明白呢？）
明明暗暗（以明為明以暗為暗，）
惟時何為（那究竟是什麼花樣呢？）
陰陽三合（陰陽交合，化生萬物，）
何本何化（誰是根本，誰是化生呢？）

與〈天問〉這種斥問形式文體相同的是苗族的古天問神話：

是誰創造了天地？
是誰創造了昆蟲？
是誰創造了人類？
創造了男人和女人？
說話的人我弄不清。
苑外（天帝）創造了天地。
齊尼創造了昆蟲。
齊尼創造了人類和精靈，
創造了男人和女人。
你怎麼會弄不清？
怎樣創造的天地？
怎樣創造的昆蟲？
怎樣創造的人類和精靈？
怎樣創造的男人和女人？

說話的人我弄不清。
天帝是（或曾是）聰明的。
他往手心吐了許多唾液，
將手拍得劈啪作響，
這樣就造出了天和地。
用長長的野草造成昆蟲，
用石頭造成人類和精靈，
造成男人和女人。
你怎麼會弄不清？
把天造成什麼樣子？
把地造成什麼樣子？
我只知道盲目的歌唱，
却一點也不了解。
把天造得像一頂太陽帽那樣，
把地造得像一只畚箕那樣，

你為何不了解？
把天造成一整塊，
把地造成一整塊。
是誰把天升上去？
天便有如此高廣，
是誰把地往下鋪？
使地又深又低。
我只知道唱，卻不了解。

這種以長詩的形式，羼雜著疑問句的斥問文體的口傳神話，就是苗瑤諸族關於天地起源、宇宙洪水、兄妹結婚而生人類萬物的創世神話，是苗蠻諸族普遍流傳的。比如貴州的苗族，也有形式略微不同的古天問長詩：

世上的人們呵
我問你來你問我：
在很古很古的時候，
天是怎麼生的？

是那個來創造的？
是爺覺朗努（最高神），
是他來生的，
是他來創造的。
地是怎樣生的？
是那個來創造的？
是爺覺朗努，
是他來生的，
是他來造的。
人類是怎樣生的？
是那個來創造的？
是那爺覺朗努，
是他來生的，
是他來創造的。
爺覺朗努呵，

他造天為了什麼？
在很古很古的時候，
天空一片混沌。

苗蠻諸族原有的創世古歌，是後來《楚辭・天問》的先導，或許是楚人進入苗蠻地區，吸收了苗蠻古歌，採用苗蠻古歌原有的斥問形式的疑問句法，陸續增補和追補上楚民族原有的歷史傳說，經過巫士的記錄和文學上的修飾，而產生了《楚辭》的〈天問〉篇。這個將原有的神話加以記錄和加工的詩人，很可能就是在楚國掌管祭祀的屈原。（關於《楚辭・天問》與苗蠻古歌形式上的相同，臺靜農、伊藤清司兩位前輩學者都曾有過質疑和考證。）另外在《楚辭》所見的〈招魂〉，這樣的詩歌形式也見於苗瑤諸族的招魂歌中，楚神話中很具代表的重黎「斷地天通」的神話，也和瑤族斷天地津梁的神話相似。這些雷同，都反映著古代楚民族與苗蠻諸族文化上的融合事實。

青樓的信仰

中國民間的各行各界都有他們很獨特的信仰對象，讀書人當然是以孔子爲文昌帝君的，生意人拜的財神是關公，木工界拜的神是魯班，乞丐拜的是古帝顓頊之子，賭徒拜的老千神是一個身高丈二、滿身紅衣、自天而降的大漢。軍隊所迎的喜神是一具見不得人的婦女裸像，俗稱炮神。

古時候的青樓，所信仰的神是齊桓公，據說齊桓公是中國首創軍中樂園的人，因此花柳界社會以齊桓公爲自己的祖師爺而加以祭祀著。

《韓非子・外儲說右上》說：「昔者桓公之伯也，內事屬鮑叔，外事屬管仲，披髮而御婦人，日遊於市……」也就是說一代英雄齊桓公把國家的內外大事全委託給鮑叔和管仲，而自己整天地披髮而御婦人……

傳說齊桓公稱霸時，爲了擴張齊國的國威，連年用兵，國外長期征戰，士兵思鄉，爲了防止兵士們的思鄉，於是桓公派遣女子前往軍中慰勞，此是中國妓館的最初形成。也有人說此以女人勞軍的政策是管仲所獻，所以也有些地方的妓館是以管仲代替齊桓公而爲自己的祖師神的。

齊桓公好色自然是沒有問題的，但是不是他首創了軍中樂園的制度呢？在古書上找不到直接的記載，倒是比齊桓公更早的越王句踐，無疑地可以說是首創此制度的人物。《吳越春秋》說：「越王句踐輸有過寡婦於山上，使士之憂思者遊之，以娛其意。」《越絕書》說：「獨婦山者，句踐將伐吳，徙寡婦置山上，以爲死士，未得專一也，後之說者，蓋句踐所以遊娛軍士也。」

由這兩段記載，軍中樂園是起於臥薪嘗膽的句踐應該是沒有問題的，或許在一方面來說，句踐自己臥薪嘗膽而讓兵士在山上遊娛寡婦是政治上爲了提高士氣的傑作，但從另一方面來看，寡婦已經夠可憐了，何忍心再把這些寡婦送去勞軍？另外，北方民間的妓院很盛行拜狐仙的信仰，狐的信仰和傳說在中國是很普遍的，古代有九尾狐的信仰，傳說見到九尾狐的人必爲人君。在原始宗教的研究上，動物崇拜都有其象徵的意義存在。在古代的神話傳說中，治水的聖王大禹的妻子塗山氏之女就是狐的化身，在一般的民間信仰上，狐是千變萬化的，能夠降福禍於人。

北方供狐是稱胡三太爺，畫像上的狐是穿著清朝大官服裝的一位慈祥老人，旁邊一位穿官娘子服裝的老太太是胡三太奶奶。妓院拜狐與一般民間不同的是，民間是早晚上香，而妓院是早、午、昏三度焚香禮拜；妓女在接客之前跪在狐神畫像前禱告，接客之後，也馬上得到狐神前上香，以爲謝禮。她們的迷信是認爲拜狐之後，狐神可以招男客之心，把魔力降在客人的心中，此後這個男人就會茶飯不思、起居失常地害起相思病，每天神魂不寧地想著這個妓女。

日本的花柳界也是對狐狸的信仰特別強烈，此或許是受了中國文化的影響？臺灣的花柳社會界似乎有以蛇爲神的信仰，一般花柳場所，禁諱說到「蛇」字，或許與此信仰有關。

古代神話中的伏羲女媧，是人首蛇身的，「伏羲鱗軀，女媧蛇身」的書上記載完全符合於今日殘存的壁畫。據最近日本神話學家的研究，治水聖王的大禹，其原始神話上的性格是蛇，也就是說蛇在古代的中國是被當做水神而祭祀崇拜的。

在中美洲一帶常有地震，熔岩像蛇的形狀一樣從山上流下來，因此當地的土著民把蛇當做最可怕的火神。印度是多蛇的地方，年間爲蛇所傷的人數達兩萬人以上，在古代的印度人思想上蛇是可怕而且神秘的，他們神話中人首蛇身的神也特別多，如音樂神摩睺羅王就是無足腹行的大蟒蛇神。

蛇在原始宗教中作爲信仰對象而存在的地位是很重要的，蛇的毒液可以殺身，蛇的無足腹行，蛇的凝然冷視，蛇吐紅信，蛇身上的皮膚像文樣般的美麗，都是促使蛇成爲信仰對象的原因。另外蛇的脫皮，象徵著「不死」與「再生」的力量，所以古代人的再生與不死信仰，多與蛇有關。

另外，不論東洋西洋，蛇是男根與性的象徵，佛洛伊德的「象徵學說」對此有很精密詳盡的分析，以蛇爲性的象徵決不是精神分析學上的獨斷，在神話學、宗教學、人類學、民俗學的名著作中都可以找到這種象徵的例證。以蛇作爲性與男根的象徵是源於蛇的脫皮象徵不死與再生，以及蛇的形狀。「其形狀與運動相似，不借手足而獨立活動，與奮的時候膨脹，頭部強大而有規則的動」。(貝克利夫・哈特《性崇拜》)。

由民俗學上的一些論證，或許可以由此多少瞭解一點臺灣青樓界以蛇爲崇拜對象的信仰源始吧？

餃子與民間習俗

以前在家裏過年，除夕的年夜飯和初一的食物總是以餃子爲主，小時候也問過母親「爲什麼過年一定要吃餃子？」母親只說是「討個吉利」，餃子和「討個吉利」有什麼關係的問題在我當時的心中也曾佔過相當久的時間。如今餃子吃多了，也總算知道了一點關於餃子的事。

北方人過年是不吃米飯的，因爲「飯」與「犯」同音，「犯」使人聯想到犯罪和犯病，因此要廻避開這個字。每個民族都有它自己的獨特習俗和迷信，東北的馬賊（綠林好漢）們天天吃飯卻能一年到頭不提半個「飯」字，最普通的一句「吃飯」，到了馬賊口中就得改成了「過付」。

過年吃餃子的理由有兩個，一是因爲餃子的名字和「交子」同音，「交子」是天官賜子的意思；另一理由是由於餃子的形狀如同元寶，中國人的過年拜拜，最主要的也不外是向神明祈求發財，只有高高在上的有錢人才會去修仙煉丹以求長生，對於無數勞苦役役的民間大衆，發財才是他們最大的夢；餃子的形狀使他們產生元寶的聯想，因此「討個吉利」也不過是多吃點餃子以滿足一下自己的發財心理。北平人正月吃餃子叫做「揣元寶」，吃飽了叫做「揣足了」，當他們把餃子一個又一個往嘴裏送的時候，心裏想的就彷彿是把白花花的元寶一個又一個往懷裏揣似的吧？

正月吃餃子是有許多規矩和忌諱的，北平一帶的人正月初一的餃子是不能破皮流餡兒的，如果破了皮，他們認爲未來的這一年一定會有某些災難降臨到他們的身上，或許是家要破產了，或許是自己的孩子會有什麼不幸。萬一餃子眞的破了，他們也不能說個破字，叫做「餃子笑了」。

北方過年吃餃子還有一種習慣，是把一枚金幣或銀錢包在餃子中，也有包上棗或是酸楂的，吃到這枚錢幣的人就表示未來的這一年有很好的財運。關於這種除夕吃餃子，以金幣預測未來一年命運的事，有一個傳說是很耐人尋味的。

中國歷代宮中的慣例，在每年的除夕由皇太后帶領著宮中的王后嬪妃們一起吃餃子，清末的慈禧太后也是每年的除夕和宮中的后妃們一同吃餃子，並且依一般的習俗把一枚金幣放在餃子中，誰吃到就表示誰幸運。西太后的太監李蓮英每年除夕都會先跑到膳房，注意哪個餃子裏包了金幣，然後再偷偷地記住這個包了金幣的餃子的位置，等到沒人的時候再偷偷地在這個餃子上做下記號，然後把這個餃子裝在西太后的御盤裏。如此三十多年，每年除夕的聚餐，包有金幣的餃子一定是被西太后吃到，西太后不知道此事，以爲是天降洪福於她，因此每年都很高興得意。

然而悲劇畢竟也發生了，在西太后去世的前一年除夕，不知道什麼緣故，李蓮英卻弄錯了，結果這個包有金幣的餃子卻跑到光緒皇后珍妃的盤子裏，吃到金幣的珍妃不敢聲張，偷偷地把這枚錢壓在盤子底下。像往年一樣等待著大家喝采和祝福的西太后今年卻沒有吃到金幣，她感到憤怒，也感到恐懼。當她查出這枚金幣是落在珍妃盤裏的時候，她的恐懼和憤怒於是更加深了，「是不是我的時代就要過去了呢？代替我的是否就是光緒？」她這麼喃喃地說。

李蓮英因爲此事而鬱鬱不樂，終於病死，珍妃被西太后逼死，西太后自己也在這年去世了，因此有人傳說，這枚除夕夜的餃子使得三個人爲此喪生。民間對於除夕夜餃子裏的金幣可以預測未來命運的信仰也就愈深了。

餃子只是一個例子，在民間，關於食物和其他的迷信和習俗是很多的，餃子的「交子」和「形如元寶」的聯想，表示了中國人以「添丁」和「發財」爲幸福的民族心理，所以希望

「添丁」是因爲在農業社會裏，「丁」是主要的工作力量和「無後爲大」的傳統思想，所以那麼地渴望「發財」，或許是由於現實的生活太貧苦的緣故吧？

華山畿

——中國民間愛情傳說之一

〈華山畿〉是古樂府中吳聲歌曲的曲名，這支歌曲敍說了一個美麗淒涼的愛情故事，《古今樂錄》說：

> 宋少帝時，南徐士子從華山往雲陽，見客舍女子悅之，無因，遂感心疾而卒，及葬從華山度，比至女門，車不前，女妝點沐浴而出，歌曰：「華山畿，君既為儂死，獨活為誰施，歡若見憐時，棺木為儂開。」棺應聲開，女遂入，乃合葬，呼曰神女塚。

或許這個故事就像其他許多民間流傳的愛情故事一樣，是使人覺得很平凡的，但是古往今來的許多愛情故事，除了神話和半神話的以外，一切偉大的愛情又何嘗不全是由一些平凡人所組成的平凡故事。西方的羅密歐與茱麗葉、少年維特和他的夏綠蒂、中國的賈寶玉和林黛玉，這些愛情故事的內容也是十分平凡的，但是他們的愛情悲劇卻使後世無數的多情兒女為之淚下。愛情所以能夠感動人，主要的或許也就是因為愛情是每個人都具有的平凡東西，愛情如果僅僅是某些人的專利，那麼對於沒有這種專利的大多數人來說，愛情豈不正像映在水中的月亮？

千古以來最寂寞的愛情故事或許是滄海月明，有淚如珠的嫦娥吧？「碧海青天夜夜心」的嫦娥固然也使後世的許多文人墨客產生了無限同情和幻想，但對於一般的大衆來說，寂寞嫦娥的愛情故事畢竟是「從遙遠的彼岸傳來的不死的福音，多少帶有像折光一樣的空幻感覺。」（借用樂蘅軍女士的話），因爲嫦娥的愛情對象畢竟不是一般平凡的人，而是神話中的后羿，無數多情的少年可以自己認爲是少年歌德或是賈寶玉，但卻無法自己認爲是彎弓射日的后羿。同樣的民間傳說故事，牽牛織女的愛情就遠比嫦娥的故事令人感動得多了，牽牛織女的傳說所以不會使人覺得像奔月嫦娥一樣的空幻，主要的是因爲人間有無數的牽牛牧童和把青春投擲在往來機梭中的織女，在他們的心裏，天上的牽牛就是騎在牛背上的自己，織女也就是隔著那片草地和那道小溪對面的織布少女，因爲這個傳說故事更接近了平凡的大衆，所以能夠引起廣大民間多情兒女的共鳴。

和〈華山畿〉相類似的愛情傳說在中國是很多的，例如梁山伯和祝英臺的悲戀故事，梁祝的故事所以在民間廣大的流傳，是因爲在當時以及後世的中國社會裏有很多類似於這類的愛情，一個勢利眼的父親不管自己的女兒是否願意，而逼嫁給一個豪門紈袴子弟的悲劇，不是直到今天也仍然在重演嗎？但是梁山伯和祝英臺的愛情卻畢竟經過了三年的同窗共讀，筆硯相親的一段漫長的培養才產生的，在一般民間傳說裏，直到他們畢業離校，梁山伯還是不知道祝英臺是女兒之身，那麼在他發現祝賢弟原來是祝小姐以前，他對祝英臺所付出的當是一分純潔的手足愛情或同學愛，而不是男女之間刻骨相思的愛情。和〈華山畿〉的「南徐士子」對客舍中偶然萍水相逢的少女一見鍾情，最後以生命爲祭禮的強烈愛情畢竟還是有若干不同的。

或許，更類似於〈華山畿〉的愛情傳說應當是崔護的故事。《麗情集》說：

> 崔護清明日，獨遊都城南，見莊居桃花繞宅，叩門求漿，有女子開門，以盂水飲護，四目注視，屬意甚殷，來歲清明，護復往，則門已扃鎖，因題其上曰：「去年今日此門中，人面桃花相映紅，人面不知何處去，桃花依舊笑春風。」後日復往，聞哭聲，一老父曰：「子非崔護耶？我女見此題詩，絕食而卒。」崔亦感動，詣殯所大呼曰：「護在此。」女遂復生。

雖然也是偶然的相逢，但如果不是「四目注視，屬意甚殷」的話，第二年的清明節崔護會不會再去呢？如果「以盂水飲護」的少女不曾看見崔護題在門上的詩，會不會「絕食而卒」呢？匆匆一見以後所留下的或許只是一分深埋在心腹的甜蜜回憶吧？在中國的許多傳說中，「精誠所至，金石爲開」的感動天地驚神泣鬼的事是很多的。愛情傳說中孟姜女的哭倒長城，祝英臺哭墓，墓爲之開，合葬後化爲翩翩蝴蝶，以及〈華山畿〉殉情的少女哭棺的故事，收場都是很富有人情味的。崔護詣殯所大呼「護在此」而「女遂復生」則未免淪落爲道家方士之流的荒誕之談了。試設想要是舉槍自殺的少年維特借屍還魂，或是林黛玉被賈寶玉一哭就死後三日復活，豈不令人倒足胃口？

〈華山畿〉裏的「南徐士子」爲了旅途中在客舍偶然相逢的少女付出了他全部的愛，爲伊消瘦，爲伊憔悴，終於爲伊而死。或許直到他死他仍然不知道自己所深愛的少女的名字吧？他似乎不需要知道她的名字，她的過去，也似乎並不期待著她的回報，他愛她是因爲在客舍裏當他看到她的時候他已經愛上了她。

少女的哭棺和殉情，也許是因爲那年客舍中的一見鍾情，也許是因爲被他的愛所感動。「君既爲儂死，獨活爲誰施？」於是，她以自己的生命回報了他的愛。

這個故事是如此地簡單，沒有柔情蜜意，沒有海誓山盟，沒有傳統思想下的前世因果，沒有過去也沒有未來，只是那麼簡單地敍說了兩個鍾情的青年男女，爲愛付出了他們的生命，這分愛是一種沒有附著任何條件的純純的愛。

V.

民間俗信與動物崇拜

把一種特定的動物神聖化，賦予宗教性和咒術性的意義而加以祭祀、禮拜及禁忌等儀式，就是動物崇拜。

動物之所以成爲被崇拜的對象，不外是由於：

一、神秘與畏懼。有些動物本身所具有的異於人類的能力，被視爲是神秘的能力，比如行動的敏捷、形象的猙獰、身上的毒牙利爪、脫皮與冬眠、預知風雨地震的來臨和自然天候的變化等。這類的動物有時候給人類帶來災難和危險，於是人類將生活環境中常出現的毒蛇猛獸、巨禽水怪等動物，由於畏懼和祈求避災而將牠神聖化以作爲崇拜的對象。

二、實用與親密。有些動物能給人類社會帶來實用的價值和親近的關係，如耕牛駝馬提供了農耕和運輸的功能、看家和狩獵的犬、捕鼠的貓以及提供肉食的家畜，這些動物本身被人類視爲是神賜給人類的助力和恩寵，也由此產生許多此類動物的神話或神秘的傳承。此類動物有時並不直接作爲人類崇拜的對象，往往被用來作爲祭祀的犧牲和獻神的供品。

三、圖騰與禁忌。有些特定的動物，被認爲和自己的部族有特別密切的關係，這些動物被看做是天上之神或自己的祖先之靈，藉着動物的姿態而降臨人間，如果殺害了這種動物，必有災難降臨，人類必須爲這些動物嚴守某些禁忌。比如蒙古、突厥、烏孫等草原民族以狼爲祖先圖騰；藏人以狗；羌人以犛牛；東北森林狩獵民族鄂倫春、赫哲、弗雅喀等的熊祖崇拜；中原華夏民族所祭祀的青龍、白虎、玄龜、朱雀四靈等氏族祖神。

寒帶地方，動物較少，所以他們崇拜的動物是以海豹和鮭魚、海鰻居多。熱帶地方的民族則以象、獅子、河馬、蛇爲崇拜的對象；狩獵民族多以鳥類和所獵的野獸爲崇拜，漁業民族多以海獸和魚類，畜牧和農耕民族則以家畜及鄉間田野常出現的動物爲崇拜對象。

民間俗信，廣義的是指民間信仰，而在宗教學、民俗學上則多半是指「迷信」而言，指的是一些流行於民間，具有原始宗教殘留痕跡的、非科學性、非理論性的信仰，這類信仰是在咒術性和神秘性的基礎上建立起來的。民間俗信中出現的動物崇拜，首先是把這些動物「擬人化」，賦予這些動物意志和思想，想定這些被崇拜的動物具有超出人類之上的不死、再生、豐饒、多產等神秘力量，能夠降福或降禍於人類。比如我們常見的中國北方所祭祀的狐狸，畫像上的「胡三太爺」是一位穿著清朝官服的慈祥老人，旁邊的一匹穿官娘子服裝的狐狸就是做老夫人樣子的「胡三太奶奶」。民間俗信中出現的蛇神，或是猙獰的巨人，或是細腰長髮的女子，或是瀟灑風流的郎君……我們在民間俗信中所見的動物，都已經不再是動物的原形，而是經過那些崇拜牠的信徒長期以來的集體加工創作所產生的「人格化」之神，這些動物是具有神性、人性與獸性三位一體的神秘個體。

草原之狼

——塞北民族的始祖傳說

塞北草原上的游牧民族，以草原上的狼作爲自己部族的祖先，最有名的例子是見於《蒙古秘史》中成吉思汗的祖先。《秘史》開首便說，成吉思汗的祖先是承受天命而生的孛兒帖赤那（中文意思卽蒼色的狼），他和妻子豁埃馬蘭勒（意思是白鹿）一同渡過騰汲思海子到了斡難河源頭的不兒罕山（今蒙古的大肯特山）前住下，生子名叫巴塔赤罕。

成吉思汗的祖先巴塔赤罕，是草原上的蒼狼和白鹿結合而生的人類，也就是說蒙古族是草原蒼狼的子孫。以狼爲始祖的神話傳說，除了蒙古族以外，塞北草原上的各族，也有許多此類的例子。突厥族是古代匈奴的別種，他們的祖先居西海之右，姓阿史那氏，後被鄰國所破，盡滅其族，只剩下一個十歲的小孩，敵兵見他年幼，不忍殺他，就砍斷了他的手和腳，把他丟棄在草原上，有牝狼以肉餵他，得以不死，長大以後，與狼交合，狼孕而生十男，阿史那就是其中的長子，最有能力，於是成爲突厥的君長，突厥族在牙門上懸狼旗，以表示不忘其祖。

高車族是古代赤狄的後裔，和匈奴族有聯婚的關係。傳說匈奴單于有兩個女兒，因爲長得太漂亮，國人皆以爲是神，單于也因爲自己的女兒太美，所以說：「吾有此女，安可配人，將以與天。」就在國北無人之地，築高臺樓閣，置女其上，說：「請天神自己來娶她們。」過了三年，有一隻老狼，日夜守在臺下嗥呼，把臺下挖穿爲空穴，小女兒說：「吾父處我於此，欲以與天，而今狼來，或是神物，天使之然……」，下樓臺隨狼而去，後爲狼妻而產子，子孫滋繁成國，是爲高車，其族人好引聲長歌，做狼嗥。

以狼爲特定的神聖動物的信仰，廣泛見於世界各地，羅馬人的始祖 Romulus，傳說就是狼所哺育長大的建國英雄。希臘神話中的畜牧守護神 Apollon，又稱 Apollo Lukios，意思是「狼神阿波羅」。日本稱狼爲「大神」或「大口眞神」，把狼當做是神的使者，農民當遇到野獸破壞田間作物的時候，村民祭祀狼神，就可避免獸害而使農作豐收。狼在游牧狩獵民族間是始祖神，而在農耕民族間則是穀靈神。

狼祖神話和狼神崇拜形成的原因，應該從宗教儀禮信仰和現實生活基礎兩方面去探討。許多民族都有動物崇拜和狩獵儀禮，他們把特定的動物加以神聖化，賦予宗教性的意義，然後由此產生禁忌、祭祀、崇拜等各種禮儀，即是動物崇拜。狩獵儀禮則是在獵取人類生活資源的動物時所遵行的一些習俗，這種禮儀往往是整個部族的共同行事，比如出獵的儀式、打獵時的禁忌、獵物的分配以及對被獵動物之靈的祭祀等。游牧民族和狩獵民族對動物有一種由神聖感和畏懼感交錯組成的親近感，他們常認爲一種特定的動物與某個特定的部族間有著特別密切的關係，如果殺害了這種動物，必有災害降臨。這種特定的動物是所有其他動物的主宰之神，能夠降福或降禍給信仰牠的部族。以動物爲始祖而信仰的部族，他們相信自己所信仰的動物是天上的神或是自己的祖靈，藉着動物的姿態而降臨人間。

若以現實生活基礎而言，對於畜牧和游牧的民族來說，狼是馴鹿和羊羣的大敵，通古斯族每年秋冬被狼所吞食的馴鹿，高達全數的一半，每當狼來的時候，也就是羊羣被吞食或被驚散的時候，所以草原上的牧民，由於對狼的畏懼而把狼神聖化加以祭祀，以求家畜的平安。草原蒼狼的子孫成吉思汗，當他出生的時候，他的岳父德薛禪對他的父親也速該說，夢見白海青（白色的鷹）兩爪攫取日月而來。成吉思汗出生時手裏握着髀石般的一個血塊，手握血塊承天命而降生，暗示著成吉思汗以後征戰草原各部，殺戮流血的一生命運。他的一生，所信奉的是他常說的一句話：「你只有一個朋友，那就是你的影子，你唯一的兄弟，那就是你手中的鞭子。」強者成吉思汗，孤獨寂寞一如草原上兀自咆哮狂奔的那匹孤獨寂寞的狼。

關於蛇的民俗信仰

英叭看看世界，到處是大霧茫茫，他說：「大霧能結成泥巴就好了！」。果然，大霧就結成了泥巴，英叭就在泥土上種植了芒果、香蕉、桃和李等。英叭又做了八個人，每兩個人一起，分別去看守東、南、西、北四個方向。這八個人不知吃穿、不知羞恥，他們的身體連男女也分不出來。吊哇蝶就變成一條綠色的大蟒蛇，對八個人說：「你們不會吃嗎？我教你們吃。」這條大蟒蛇就爬上樹，尾巴也收了上去，在樹上摘果子吃。大蟒蛇吃了果子，便變成了一條非常漂亮的大白花蛇。這時，有兩個人就學著摘果子吃，他們吃了果子，也變得漂亮起來，身體也起了變化，分出男和女來了。他們就配成夫妻，也知道害羞了，會吃會穿了。

這則傣族的創世神話，和我們在《舊約・創世紀》所見的內容是多麼地類似，吊哇蝶正是伊甸園中教唆夏娃摘食禁果的撒旦。傣族創世神話和希伯萊人的《舊約・創世紀》所以相類同的原因，是因爲早在漢代，傣族與西方的大秦（羅馬帝國）有所交通，把《舊約》基督教的原始神話融進了自己的民族傳承中，而形成了這樣的傣族神話。

> 從前，太陽產卵於山上，有稱為布農的巨蛇來孵化此卵，卵破而生男女二人，此二人就是排灣族的始祖，而其他的番衆則是一條叫利賴的青蛇所孵卵而生的人類。
>
> 以前在排魯斯社的上方，其處每天太陽所產之卵悉被巨蛇吞去，後有三女神合力捕蛇，將巨蛇沉之深淵，次日太陽又來此山頂產二卵，此二卵因無蛇害，故孵化而成男女二人，此二人卽排魯斯社和馬卡迦社的始祖。

排灣等族的始祖神話中，蛇是一個重要的角色。神話的結構通常是——太陽產卵，由蛇孵化而成人類，或卵被巨蛇吞食，人類殺蛇，蛇中出現一男一女……。

布農族的神話則說，太古之時有一男一女，男以蛇所蛻化的皮殼輕打女子的背，女子就懷孕而生子女；以蛇皮殼擊女子的背是男女兩性結合的隱喻。臺灣高山族之間，蛇生神話以排灣、布農二族爲多，其他各族的始祖神話則多以巨石、太陽、巨樹或其他動物爲結構要素。這種卵生與蛇相結合而形成的始祖傳說，是源於排灣、布農各族的蛇神崇拜。

「伏羲鱗軀，女媧蛇體」（〈魯靈光殿賦〉），漢族神話中的母神女媧和風姓氏族的祖神伏羲（也是東方春天之神），都是人首蛇身，半人半獸的。而「風道北來，天乃大水泉，蛇乃化爲魚，是爲魚婦，顓頊死即復蘇。」（〈大荒西經〉）夏族的始祖神，從顓頊到鯀到禹，在神話系譜上都是具有龍蛇之體的氏族祖神，說明著古代嬴姓、姒姓等族以龍蛇等水生動物爲水神的信仰。

華夏族的後代，是以濁流滾滾、決潰千里的黃河爲根據地。黃河的河神是顏色各異的水蛇，今日華北中原各省，仍延續著祭祀河神的習俗，當地人依蛇的種類和顏色的不同而尊之爲「大王」或「將軍」。如果在河邊某處發現了這類的大王或將軍，必須報官，然後由地方官帶著巫師親往迎接。接大王的方法是敲鑼打鼓，口唱祝辭，把蛇請進一個盤子之中，然後放進轎子擡入廟中供奉。每年祭河時須演戲酬神，因爲大王和將軍是喜歡看戲的，巫祝得把戲碼放在蛇前，去請蟠曲於盤中的大王，用牠昂著的頭或飛吐的蛇信，點牠想看的戲。人類學家弗萊哲（J. G. Frazer），在他的巨著《金枝》第三章〈神的婚姻〉中，記錄了許多以蛇爲水神而祭之以少女的民間俗信。東非的阿基庫龍人崇祀河中的水蛇，每幾年便將一些少女投入河中嫁給河神爲妻，巫師在河邊蓋起小屋，由他先代河神同這些少女完婚，之後再將少女投入河中，這些例子比比皆是。中國古代的「河伯娶妻」的故事也是其中之一。這些民族都是認爲水神是居於水中、海中、湖中或大河中的巨蛇，須以活人向牠祭祀以求安寧避災。許多神話中出現的英雄征服巨蛇的故事，即隱喻著古代人類對水的治理和掌握。

此外，不論在東方或西方，蛇是男根與性的象徵，在許多神話學、宗教學和民俗學上，這一類的例證很多。佛洛依德的「象徵學說」中，對此也有精密詳盡的分析，蛇之成爲性的象徵，在貝克利夫・哈特所著的《性崇拜》書中說：「其形狀與運動相似，不借手足而獨立活動，興奮的時候膨脹，頭部強大而有規則的跳動……」

蛇神信仰在民俗學上是很重要的，蛇的凝然冷視的眼睛、蛇的飛吐的信、蛇的無足腹行、蛇的斑斕身紋，以及蛇的脫皮、冬眠習性和蛇的那種致人死命的毒液，都使蛇成爲人類畏懼與神秘憧憬的對象，也都是蛇神信仰形成的各種因素。

雄雞一聲天下白

一、雞犬相聞——序

今年是夏曆的辛酉年，十二支中的酉字原來的意思是盛酒器具的象形，也就是酒的意思，因爲古代八月是黍子成熟的季節，割了黍子就可以釀酒了，以十二種動物配合十二支，酉年屬雞，其實酉與雞原來是沒有什麼相關的，當然一面喝酒一面吃雞也是很好的事。

農耕民族對雞有著一種特別親密的感情，「鄰國相望，雞犬之聲相聞」是老子理想的小國寡民的政治藍圖，「阡陌交通，雞犬相聞」又是陶淵明所幻想的桃花源中的人間淨土。雞所以成爲農耕民族的親密朋友，說起來理由倒也十分簡單，一是雞能報曉，是鐘錶發明以前最標準的鬧鐘；二是雞肉可食，是孟子「七十者可食肉」的理想社會中的理想食物；三是雞毛漂亮，可以用來裝飾自己，孔子的大弟子仲由子路在入孔門之前是個太保，當他第一次見孔子的時候，就是一副「冠雞佩豭」的花花公子樣的；四是雞可以使人快樂，用來鬬雞而傾家蕩產的大有人在。

只是隨著社會形態的改變，人們的生活環境和生活態度也改變了，而雞在人們的觀點裏自然也就不同了。以前的農家是「日出而作，日入而息」，而現代都市裏卻也有「日入而作，日出而息」夜生活的人們。古人有「聞雞起舞」的志士，現代都市的人們固然也是「聞機而起舞」，不同的是機和舞罷了。雞不再是籬邊優哉游哉散步的田園風景畫，而是像住在都市的高層樓中的都市人一樣，被關進了雞的公社，不必再爲人們負擔什麼「風雨如晦，雞鳴不已」的司晨重任，只要埋頭苦吃，趕快長大，然後被端上餐桌。都市裏的小孩子們，不必再像以前的農家小孩拿著竹鞭趕雞回籠，他們當然也吃過雞，但未必看過雞走路，也因此才會有那麼多的孩子跑到動物園去看雞了。

二、金雞報曉——雞的神話和習俗

古代中國人過年的時候，有在門上貼雞圖的習俗，因爲人們認爲雞有驅鬼禳惡神的聖性。古老的神話說，在東海之內有一棵大桃樹，盤屈三千里，桃樹上站著一隻金雞，每當日出時，金雞就鳴叫起來，天下的羣雞聽到金雞啼鳴以後，就跟著啼叫起來，人們就知道天快亮了，又是一天開始的時候了。在這棵桃樹下有兩個神，是神荼和鬱壘，這兩個神拿著葦索到處巡視，遇到惡鬼就綁了回來殺掉餵老虎。所以後來的人們爲了驅鬼避邪，過年的時候就用桃木刻這兩個神的神像掛在門上，或是在門板上畫上這兩個神的神像，這就是桃符、春聯的起源，也有在門上貼雞畫的，也是同樣的意思。

《神異經》是說東方大海中有扶桑山，在大桑樹下有十個太陽，桑樹上有玉雞，玉雞鳴後是金雞鳴，金雞鳴以後就是石雞鳴，石雞鳴以後就是天下雞鳴，海中的潮水聽到雞鳴就開始波動起來了。這本書中並且說有雞神名叫黃父，長七丈，頭戴冠，朝呑惡鬼三千，暮呑惡鬼三百，是專門吃鬼的神。

我們常見的成語像什麼「金雞獨立」或「雄雞一聲天下白」之類的話，就是以這個神話思想爲背景而產生的。因爲古代人害怕黑夜，認爲黑夜是「百鬼夜行」的恐怖世界，雞鳴而天亮，人們認爲是雞的神力趕走了百鬼而使太陽出來的，也因此而古代有「日中有雞，月中有劭」的神話。

古代人把正月的元旦稱爲「雞日」，而把正月二日稱爲狗日，三日爲豬日，四日爲羊日，五日爲牛日，六日爲馬日，七日爲人日。正月初一在門上貼雞畫，二日貼狗……七日貼人帳，並且在正月初一這天不殺雞，二日不殺狗……七日不殺人（這一天不處刑犯死罪的人）。在正月初一到初七的七天之間不吃雞肉，這些家畜家禽都是和人類最親切的，人們也只有在過年的時候，想到牠們對人類的貢獻而特別加以優遇。

雞在古代的一般人心目中固然是能驅鬼趕邪的神聖動物，而知識分子們又從雞的身上發現了人間的道德。春秋時代魯國的大夫田饒告訴魯哀公說雞有五德：雞頭戴冠是文，足傅距是武，敵在前敢鬪是勇，得食相告是仁，守夜不失時是信。這樣看來，具有五德的雞是遠比只有「智、仁、勇」三達德的君子要了不起得多了。

《禽蟲典》說黃帝時以鳳爲雞，雞也就是所謂的鳳凰，因爲在古代鳳凰是祥瑞的象徵，所以雞也是代表著種種祥瑞而出現的。《太平廣記》說秦穆公的時候，有人掘地，掘出一個又像羊又像豬的奇怪動物，這個人因爲此動物稀奇，就牽著要去獻給秦穆公，在路上遇到兩個童子，看到他牽的怪物以後對他說：「這種怪物叫做媪，常在地下挖墓而吃死人之腦，如果要殺這種媪獸，只有一個方法，就是拿柏葉蓋在牠的頭上。」這個人就要殺媪，媪對他說：「剛才的兩個童子不是人，而是兩隻寶雞，一雄一雌，任何人只要抓住那隻雄雞，就可以當皇帝，抓到雌的就可以成霸者。」這個人聽了就捨媪而逐二童子，二童子化雞而飛了。這個人上京把此事告訴秦穆公，穆公率人而探尋這二童子，最後捕到了一個，是那隻雌雞，雌雞化爲石，穆公命人建祠祭石，因爲這樣，所以秦穆公只成爲霸者而沒有稱王。

《山海經》說祠鬼神皆用雄雞，雞血可以禦死避惡，因爲這種雞的神聖動物信仰，古代有以雞血爲盟，以雞骨爲占卜的儀式行事，大夫之間結盟是以雞血爲誓，占卜則是用火去燒雞骨，如果骨上之孔呈現人形則吉，否則就是凶。至於神前立誓，以斬雞頭爲憑的事也自古就有，直到最近的選舉，好像還有人是斬雞頭立誓的。從古至今，中國人已斬了兩千年的雞頭，使人覺得通往民主的道路，畢竟也未免太遠了些。

三、金毫鐵距——鬪雞的故事

據說看鬪雞有如看拳擊比賽，尤其刺激的是，兩個勢均力敵的選手在臺上打得滿面是血的時候，現代的人想要傾家蕩產固然可以打梭哈、推牌九而不必在陋巷中鬪雞，但鬪雞走馬式的賭博方式，依然在中國有著兩三千年的歷史。

春秋時代的魯恭王喜歡鬪雞，魯國三大夫孟孫、叔孫、季孫之一的季平子是當時的鬪雞大王，他的對手是當時的另一豪族邢昭伯。邢氏所養的鬪雞是以金距爲武器，就是在雞爪上掛上尖銳的金刀，季氏則是「介其雞」，就是在胸前掛上鎧甲，並在雞翅下灑上芥粉以刺激雞的眼睛，兩家各用其策，好像發動戰爭一樣地舉行鬪雞。當時的魯王是支持邢氏那隻雞的，季氏因此大怒，直接地向魯王挑戰，要求和魯王鬪雞比賽，由一場鬪雞而惹出不少的政治恩怨。

漢代宣帝也是一個喜歡鬥雞走馬的皇帝，常私自出宮去民間參加鬥雞比賽，在鬥雞時遇到另一個鬥雞的高手王奉先，奉先有個十多歲的漂亮女兒被宣帝看上了，等他即位以後，就宣人召入宮封了皇后，而在民間因鬥雞而認識的王奉先，因此當了太傅。

唐代也是鬥雞盛行的時候，唐玄宗喜歡文學、戲劇、女人，但好像更喜歡鬥雞。他設立「雞坊」於兩宮之間作爲鬥雞的「選手新村」，派人在長安城內索尋「金毫鐵距高冠昂尾」的雄雞數千隻，選六軍小兒五百人作爲訓練這些鬥雞的教練。因爲皇帝喜歡和提倡鬥雞，所以全國上下無不鬥雞，外戚貴族們不惜傾家蕩產以求一隻善鬥的雞，窮人買不起鬥雞，就以木雞互鬥。有一個叫賈昌的，因爲善於鬥雞，玄宗召入宮中命爲「五百小兒長」，玄宗每天派人送給他金帛之物，優厚有加。另一個叫王準的人，因爲善於鬥雞而被命爲「衛尉少卿」。因此當時民間有歌謠說：「生兒不用識文字，鬥雞走馬勝讀書」的話。

鬥雞的故事之中最具有教訓意義的當然是《莊子》、《列子》書中所見的木雞了。《列子》書中說紀洞子爲周宣王養鬥雞，過了十天，宣王問雞可以鬥了沒？紀洞子說還不可以，因爲這隻雞還「虛驕而持氣」，又過了十天，王再問，紀洞仍然回答說不可以，因爲這隻雞還「應影而響」，又過十日，王再問，還是回答說不可以，因爲這隻雞還「疾視而盛氣」，再過十日，回答說差不多可以了，因爲這隻雞雖然聽到對方的雞怒鳴但卻毫無反應，看起來就像一隻木雞，不再爲外在所遇到的任何情況而激動了，其他的鬭雞每看到這隻望之如木雞的鬭雞就嚇得掉頭跑了。

木雞所以能夠使羣雞望而生畏，全在於一種「不驚不懼」的精神，所謂「大智若愚」或「會叫的狗不咬人」之類的話，應該也都是含著這樣的東方哲學思想的。

小時候，在鄉間的廟前，也曾見過鬭雞的遊戲，幾個人蹲著圍住兩隻不知死活的公雞。鬭雞開始前，每個下賭注的人把錢丟在地上，鬭雞開始了以後，有的人激動地以手拍地爲己方加油，也有的人臉上流著豆粒大的汗珠嘶叫著「給他死、給他死」，等到一陣厮殺過了以後，大家忙著數地上的賭注，卻再也沒有什麼人去理會那兩隻疲倦的公雞了。

四、雞鳴而起——雞的故事

「雞鳴而起，孳孳爲善者，舜之徒也；雞鳴而起，孳孳爲利者，跖之徒也。」是《孟子》書上的話，雖然同樣是早起的人，但在儒家的看法裏，君子小人的區別，也似乎在雞鳴之時就已經有所決定了。

祖逖和劉琨同是晉室東渡以後的愛國志士，當他們同爲司州主簿的時候，兩人感情很好，好到同睡一張床同蓋一條棉被，夜裏聽到雞叫的時候，祖逖就叫醒劉琨，兩人起身而舞劍，這就是「聞雞起舞」的故事。或許是因爲這種聞雞起舞的精神，祖逖後來成了「擊楫渡江」的復國志士。

雞鳴不但喚醒了許多志士，喚醒了許多耕夫，或喚醒了爲善爲利的舜跖之徒。雞鳴，也曾決定過許多歷史上人物的命運，比如孟嘗君和燕太子丹。

《史記》說孟嘗君入秦，被秦昭王囚禁起來，準備要殺他，孟嘗君派人到昭王的幸姬那裏去求救，幸姬說：「如果能夠得到他的那件狐白裘，我就救他。」孟嘗君的確有這麼一件價值連城的狐白裘，可是在到秦國的時候已經獻給了昭王，再也沒有第二件狐白裘了。正在無計可施的時候，他的食客之中有一個地位最卑下的小偷起身說他能夠爲孟嘗君取得狐白裘。當天夜裏，他像狗一樣地鑽進了秦宮，把孟嘗君送給昭王的狐白裘偷了出來，孟嘗君把狐白裘獻給了昭王的幸姬。幸姬在昭王的耳邊說了些好話，昭王一樂就釋放了孟嘗君。孟嘗君改名換姓，連夜出關，夜半到了函谷關。這時候昭王已經後悔放了孟嘗君，派出了追兵，秦王的關法是雞鳴開關的，而此時正是夜半羣雞未鳴，這時他的食客之中另一個卑微的小人物會模仿雞叫的聲音，羣雞聽到有雞叫的聲音，就跟著啼叫起來，關卒聞雞鳴而開了城門，等到秦王的追兵到達函谷關的時候，孟嘗君已經遠去了。

燕太子丹的故事與此類似，說燕丹在秦爲人質，秦王對他很不好，他請求回國，秦王表面上答應他，而又想用「機發之橋」陷害他，他雖然過了橋而逃到關口，可是關門又是因爲雞未鳴而不開，燕太子丹學雞鳴，於是衆雞悉鳴，而關爲其開。

雞鳴狗盜之輩，引車賣漿之徒，在知識分子眼中也許是卑微而渺小的人物，可是他們也是創造歷史的人物。如果沒有這兩聲人爲的雞鳴，整部中國的戰國歷史又將改寫了，不管是多麼微小的人物，只要是人，就有他的價值。「一枝草、一點露」，每棵小草都是構成整個大自然的一部分。

有許多事，看起來很偶然，其實卻也並不是純粹的偶然。越王句踐自己臥薪嘗膽，可是卻命人在山上養雞，作爲士兵的食物，他的兵士們因爲感動於句踐的這種愛護部下的心情，所以在伐吳戰爭中勇敢地作戰而終於滅了吳國。孔子的弟子仲由子路在隨孔子周遊列國的時候，遇到一個荷蕢的隱者，雖然隱者譏笑他的老師孔丘是個「五穀不分」的知識分子，可是子路仍然拱手而立，隱者覺得子路孺子可教，招待子路到了自己的家，命家人殺雞款待子路。

五、雞鳴喈喈——雞和古典文學

也許那是同樣的一朵花，有的人從花開花落上體會到人生的無常，也有人從花開花落上看到歷史的興亡；有人是春風得意，一日看盡長安的花，也有人感時濺淚，淚眼問花花不語。同樣的雞鳴，卻也因爲聽雞鳴的人環境和心情的不同而有各種不同的感觸。

雞出現於中國的文學中，最早的該是《詩經》，《詩經》中所見的雞鳴是：

風雨淒淒，雞鳴喈喈，既見君子，云胡不夷。

風雨瀟瀟，雞鳴膠膠，既見君子，云胡不瘳。

風雨如晦，雞鳴不已，既見君子，云胡不喜。

《詩經》的這首〈風雨〉詩，可以依傳統的解釋說是以淒風苦雨的暗夜中的雞鳴，比喻君子在艱難困苦的環境之下仍然堅持自己的原則；也可以解釋爲西窗共剪燭的故人重逢；也可以解釋爲闊別兩地的相思男女的久別重逢，或是卽將遠別的情人們的最後一夜，是一種「夜闌不點燈，相對如夢寐」的境界，喜悅之中卻也有著淡淡的惆悵。

《詩經・齊風・雞鳴》詩：

雞旣鳴矣，朝旣盈矣，匪雞則鳴，蒼蠅之聲。

女的說：「雞已經叫了，天已經亮了。」男的卻說：「哪裏是什麼雞叫，只不過是蒼蠅亂飛的聲音罷了。」就好像《詩經・鄭風》所見的「女曰雞鳴，士曰昧旦」，都是一聲雞鳴，啼醒了愛情中的男女。

〈遊仙窟〉有詩：

應憎病鵲，夜半驚人，薄媚狂雞，三更唱曉。

庾肩吾〈冬曉〉詩：

鄰雞聲已傳，愁人竟不眠。

李廓〈雞鳴曲〉：

星稀月沒入五更，膠膠角角雞初鳴
征人牽馬出門立，辭妾欲向安西行，……

兪允文〈雞〉：

驚魂易斷江南夢，惱殺重城未曉雞。

這些都是古代中國的閨情，雞鳴聲聲，像是一聲聲離別的鐘，對於情海之中浮沉的男女來說，他們不願聞雞起舞，也不願雞鳴而起，孳孳爲善或爲利，他們只怨老天閏月而不閏夜，縱然有蟲吃，也不願做早起的鳥。

「愁看飛雪聞雞唱，獨向長空背雁行」以及「春燈欲盡曉雞啼，殘月影中征馬嘶」是一種明日天涯的遠別，「雞聲茅店月，人跡板橋霜」以及「愁深楚猿夜，夢斷越雞晨」是一種淒苦的飄泊，「願爲同社人，雞豚燕春秋」是一種懷鄉，「蕭蕭風雨思君子，欲倚空窗聽雞談」是一種寂寞，「雞蟲於人無厚薄，吾叱奴人解其縛」是一種同情，「雞飛過籠犬吠竇，知有行商來賣茶」是一種清淡。

「慚愧稻粱長不飽，未曾迴眼向雞羣」是鶴立雞羣的知識分子的固執和自負，「牛驥同一皁，雞棲鳳凰食」是亂世之中懷才不遇的志士的孤憤與悲嘆，「宦情晒雞口，曲路倦羊腸」是經過無限滄桑以後的覺悟，「三更燈火五更雞，正是男兒立志時」又是揚帆待發青少年的雄心與夢。

儘管有人怨恨雞啼，也有人讚美雞鳴，有人因雞鳴而驚心，也有人因雞鳴而立志，而雞依然每天不失其時地啼鳴，不管是在淒風苦雨的長夜或是春光明媚的清晨。

因爲出現在文學中的雞，通常是雞鳴而帶給人們的種種感懷，因此文學中的雞，神話習俗中的鷄以至鬪鷄走馬的鷄都是限於雄鷄。對於鷄的母親雌鷄，中國人似乎並不很重視，甚至把跋扈囂張的女人比之雌鷄，因此也就有了「牝鷄司晨，惟家之累」的「古訓」，在這樣的傳統古訓之下，使得許多女子成了「無才便是德」的人。

黃耳花下吠新晴

一、往事與狗

小時候在鄉間讀小學，從家到學校很遠，而且必須經過一片竹林和一戶養著狗的人家。每天當我背著沉重的書包在夜晚補習回來的時候，那片黑暗陰森，風聲颯颯的竹林和養狗人家院中傳來的狗吠，也許就是我童年最恐怖的記憶了。

長大以後，也是與狗無緣，不是被狗咬，就是家裏養的狗突然失踪了，狗也始終沒有成爲我的忠實朋友。

那時我已經唸大學了，大二那年的暑假，我參加了「東引海上戰鬥營」。船到東引島的第一天，記得是個夕陽滿天的黃昏，我到海邊散步，當我聽到身後一陣狗吠的聲音而回頭的時候，一隻巨大的狼狗已經撲了過來，第一口咬傷了我舉起的右手，第二口咬在左腳上。當我不知所措地站定了以後，奇怪的是狗也停止了攻擊，狗不只一隻，其他四五隻同樣大的狼狗包圍在我的四周，發出一種低沉但極恐怖的叫聲，好像是在爲牠的朋友助威。還好蛙人們來得快，他們一個口哨之後，狗也就散開了。事後蛙人們告訴我說，那些狗是經過訓練的守海防的軍隊，只要有陌生人進入牠們的地區，牠們就羣起而圍攻，如果那時不是因爲我不知所措地站在那兒不動，也許我就成爲羣狗的晚餐了。因爲上岸的第一天就出了事，使我成了全隊上第一個被大家所認識的人，指揮官用他的車子把我送到醫院，止血、打針，並且補發了另一套軍服。而直到現在右手腕上所留下的疤痕，也就是東引的一個小小的紀念。

有一次從學校回家，看到家裏多了一隻白色的小狗，母親說是有一個下雨的晚上，渾身淋濕的小白狗突然出現在門口的屋簷下，母親給了牠一些食物，從此牠就住進了家裏。小白狗很有教養而且文靜，常常爬在沙發上看電視，有時候也會靜靜地在陽臺上望著遠方發呆，我覺得牠是一隻有思想的狗，很像哲學家，哲學家在我們家寄居了一年多，後來突然失踪，母親還說，那也是一個下雨的晚上。

最後一次養狗是我服完兵役的時候，朋友送來了兩隻剛出生不久的同胎狼狗，一隻全黑，一隻是黃的，黑狗留在家裏，黃狗被我用紙箱裝著帶到彰化我教書的高中去。也許是因爲不願離開自己的兄弟吧？到了彰化的黃狗整天啼泣，弄得全宿舍的老師們都不得安寧，實在沒辦法，只好把牠送給了我一個當警察的朋友。警察十分喜愛那隻名叫大力水手的黃狗，後來還送牠進了學校，是什麼警犬訓練班，當我一年以後離開教書的學校而到警察朋友家辭行的時候，大力水手迎面向我撲來，牠還記得我，對我很親善，那時的大力水手已經是一隻很好的警犬了。

至於大力水手的兄弟卻一直在我北部的家裏，雖然身高體大，樣子極爲凶猛，可是卻天眞善良而又膽子很小。有一次颱風過後，一羣士兵到我家附近修理被吹斷的電線，我們的黑狗馬上就盡地主之誼地歡迎起他們來了，陪著士兵們進進出出地，當士兵工作完畢回去了以後，我們的黑狗也隨著不見了。

異國十年，雖然也見過一些被抱在懷裏或牽在路上的狗，可是卻沒有什麼特別的回憶，主要的是自己讀書工作兩忙，自顧尚且不暇，自然也就沒有賞狗的餘情了。

二、狼的兄弟

狗和狼爲同一種祖先的動物，原是活動在草原上的狼羣的一支。在舊石器時代的時候，這些狼羣並沒有變成人類的家犬，而在一萬兩千年以前丹麥的舊石器時代末期遺跡的貝殼層積的原始民族的食物殘跡中，發現了狗的骨頭。也就是說，人類在一萬多年前已經和狗建立了關係，但當時的狗也並不是人類的家畜，也許是這些狗被寒夜的營火所誘惑而到人類的地方來尋找食物，被人類捕殺來以供食用的。也許是人類後來發現這些狗夜晚出現，吃乾淨人類殘剩的食物後並不離開，而且每當夜間其他攻擊人類的猛獸或異族人類出現的時候，狗會發出鳴叫的聲音通知正在熟睡的人們，所以人類開始喜歡狗。而等到人類發現這些狗還能追捕走失的羊羣以及捕獵其他的野生動物，可以作爲人類狩獵助手的時候，人類開始決定飼養狗作爲自己的家畜了。在中歐瑞士的水邊發現的新石器時代的遺跡中，發現有全副的狗的遺骨，說明了人類已經不再把狗當做食物而家畜化了。

家畜化以後的狗成了人類最忠實的朋友，比如在寒夜爲人類守夜，又如在雪地之中爲人類拉雪車，爲人類看守羊羣和追捕獵物，後來狗也經過人類的訓練，而被作爲警察犬和軍用犬來使用。古代希臘羅馬在戰爭的時候已經使用猛犬，一直沿至今天。隨著人類的要求，狗的本身也逐漸發生了許多能力和體形的變異。到今天，世界上有數百種狗，單以體形的大小來說，有大如小牛的獵獸犬，也有比老鼠稍大一點點的玩具狗。

在歐洲，許多死人的墓碑上塑著狗的雕像，這是基於道德上的象徵意義，因爲歐洲人把獅子當做勇猛的象徵，把狗當做忠誠的象徵。

在歐洲人的思想中，狗不但是人類的忠實朋友，並且也是地獄的守護者。希臘的神話說，人死之後的幽冥之國是在一個雲霧瀰漫，終年不見太陽的地方，通往幽冥之國必須先渡過一條名叫死亡的河流，河上沒有橋，只有一個年老的舟子哈隆 Charon（北歐神話則是說一個骷髏似的老婦人 Mödgud）撐著一艘破船在那裏來回地超渡新來的鬼魂。渡過死亡之河以後，在幽冥之國的門口，有猙獰的三個頭的怪狗西伯魯斯（Cerberus）把守著地獄之門。北歐神話說，幽冥之國的地獄王赫爾所住的宮殿名叫「悲慘世界」，他每天的食物是「饑餓」，他用的餐具名叫「貪饕」，他的兩個僕人，一名「無聊」，一名「怠惰」，還有一個門房，叫「毀滅」。他所睡的床叫做「憂愁」，窗上的窗簾名叫「火災」。守地獄的是一隻名叫加爾姆（Carm）的血斑狗，這狗什麼都不怕，但卻有一種麥餅可以買通牠，所以人們死了以後，通常都在墳墓中放些麥餅，爲的是要讓亡魂用麥餅去買通那隻血斑狗。

南洋一帶的原住民族的傳說，認爲狗原先是和人類一樣直立著走路的，而且走得比人還快，經常成羣地出來殺人，於是活著的人們就開始商量對策，因爲狗喜歡吃麵包果，所以他們就把許多麵包果燒熱，撒在狗羣通行的道路上，狗羣出現以後，用手拾麵包果，果子燙了牠們的手，也燙傷了牠們的腳，從此狗就再也不能直立著走路了。這也是食物擊退狗的一個傳說。

三、狗的故事

中國的歷史文化淵源流長，自古以來就知道使用狗，只是中國人是把狗用來狩獵、守屋以及食用的，所以《本草》狗項之下有李時珍的集解說：「狗類甚多，其用有三，甲犬長喙善獵，吠犬短喙善守，食犬體肥供饌。」除了這三項用途之外，中國人在古時候也有用狗做祭神的犧牲品，或者用狗做賭博的遊戲。周代的官制裏有「犬人」，就是爲天子管理祭祀時所使用的狗的官，漢代有「狗監」，是爲皇帝管理獵犬的，唐代盛行鬥雞走狗，有專爲皇帝訓練走狗的「狗院」。元代是由游牧民族的蒙古人統治中國，游牧民族當然比農耕民族更懂得使用狗，所以元代曾在遼東設「狗站」十五處，把三千隻狗，編爲三百個小隊，這些狗是被訓練來看守流犯囚徒，以及擔任運輸的工作的，每隻狗有固定的糧食，如果管理人員私自減少了牠們的口糧，狗必嚙其主，至死方停。

「雞豚狗彘之畜，無失其時，七十者可以食肉矣！」是孟子的理想社會，由這段話可以知道這個理想的社會是一個有狗肉可吃的社會，因爲人吃狗，所以自古有以屠狗爲業的人，漢代帝國的開國元勳和《史記・刺客列傳》中的遊俠，就不乏這種屠狗之輩。古代的食品之中有「犬肥」，做法是用狗肉三十斤、小麥六升、白酒六升共煮，煮熟之後，再加雞蛋於肉中再蒸的一種吃狗肉的方法。

雖然中國人自古就利用狗或吃狗，可是在悠久的歷史文化之中，中國人似乎始終沒有把狗看成是自己的「忠實的朋友」，相反的，中國人觀念之中對狗毋寧是相當輕視的，這由我們日常所使用的語言就可以知道了。當我們說「他簡直是一隻狗」的時候，並不是在稱讚他是一個忠實可信賴的人，相反的，卻是說他是個沒有品格的低下的人，我們幾乎把所有壞的事都推在狗身上，「狼心狗肺」是指心眼惡劣無情無義的人，「狐羣狗黨」是指成幫結夥的無賴之徒，「掛羊頭，賣狗肉」是一種欺騙的勾當，「狗仗人勢」是小人得志，「走狗」、「狗腿子」是供人驅使助紂爲虐的惡棍，「哈巴狗」指的是那些沒有骨氣只一味低頭乞憐的可憐人，至於「落水狗」又是被羣起而攻的狼狽傢伙了。

不懂的是何以只有我們中國的一些人那麼喜歡吃狗肉，而吃狗肉的一些人又何以那麼輕視對自己忠心耿耿的狗。古代人以狗祭神，所以「獻」字從犬，獻的原來意思就是說把狗獻給神，後來人們發覺狗肉好吃，於是把獻神的狗改成了用草編的狗，而把眞的狗留著自己享受了，這就是「芻狗」的由來。

「天地不仁，以萬物爲芻狗；聖人不仁，以百姓爲芻狗。」是說天地並不是爲野獸而生草，可是羣獸食草，天地也不是爲了人而生狗，可是人卻有狗肉可吃，這是老子用來說明天地和聖人無爲而治天下的話。可是到了後來，統治者卻眞的把他統治的老百姓當做狗一般地加以利用了，被利用完了以後，又被統治者像對狗一樣地任意宰割，歷史上這樣的例子不勝枚舉。漢代的開國元勳韓信，雖然他爲劉邦打敗了項羽而得了天下，可是他最後的命運依然像是一隻被利用了一輩子的狗，所以當他臨被劉邦殺頭以前，感慨地說：「天上的飛鳥被射光的時候，再好的弓也失去了他的用處，而等到田野裏的兎子死了的時候，追逐野兎的走狗也就再也沒有什麼可利用的價值，而要被主人煮來吃了。」這就是我們時常聽到的「鳥盡弓藏，兎死狗烹」的成語的起源。韓信是眞正地覺悟了，雖然覺悟得晚了些，可是後世依然有許多爲了一官半職或些許利益，而像狗一樣地順服於專制皇帝面前的知識分子，他們知道皇帝把他們當狗，並且自己也願意當狗，所以常自稱「臣常有犬馬之心」或「主上遇其大臣，如遇犬馬，彼將犬馬自爲也。」（用現代話來翻譯是：皇帝如果遇到聽話的大臣，就好像得到了聽話的狗或馬，而這些大臣也心甘情願地做狗做馬地去服從牠的主人。）

另外一個悲劇故事是發生在爲秦始皇當了一輩子走狗的李斯身上。李斯是建議秦始皇焚書坑儒的人，秦始皇在世的時候，李斯仗著秦始皇的寵信而任意地壓迫天下的知識分子，可是秦始皇一死，李斯在和趙高的政治鬪爭中失敗了，失敗的李斯被送到咸陽市街去腰斬，他在人羣中看到自己的兒子，感慨的對他的兒子說：「多麼想再像以前一樣，和你牽著我們的黃狗，出上蔡的東門，到郊外去追逐野兎啊！」結果李斯被滅三族。

除了這些和狗有相關的血腥政治鬪爭故事以外，狗當然也是在農業社會中組成田園風光不可缺少的角色。「鷄犬之聲相聞」是老子小國寡民政治上的理想樂園，「鷄鳴狗吠相聞而達於四境」也是孟子理想中的安寧社會。另外陶淵明所喜愛的田園鄉村是「曖曖遠人村，依依墟里煙，狗吠深巷中，鷄鳴桑樹顚。」這是多麼令人嚮往的閒寂田園生活的境界。而另一種「柴門聞犬吠，風雪夜歸人」的詩，使人想到風雪的深夜中，守在柴門裏等著下山喝酒的主人歸來的家犬！

中國當然也有許多「忠犬救主」的故事，也有許多愛狗的人。晉朝的陸機養了一隻名叫「黃耳」的狗，很喜歡牠，帶牠到了京師，因爲很久沒有家書，所以就笑著對黃耳說：「你能不能爲我送一封信回家啊？」黃耳以尾作響，陸機就寫了一封信，把信裝在竹筒裏，再把竹筒掛在黃耳的脖子上，黃耳終於把信送回陸機的故鄉，並且帶了回信來。

另一個狗的故事是《禮記》上所載的孔子和他的狗的事，孔子的家犬死了，孔子命學生子貢去厚葬牠，孔子對子貢說：「以前的人們不丟棄用破了的帷幔，爲的是用來埋葬自己家的畜馬。也不丟破損的傘布，爲的是要用來埋葬自己的家犬，我現在一貧如洗，既沒有帷，也沒有蓋，賜啊！你就把我這唯一的席子拿去墊在牠的身下吧！免得牠的頭接觸到泥土

……」（引自諸橋轍次《十二支物語》頁一九九）

由這個故事，可以知道一貧如洗的孔子，畢竟也是一個愛狗的人。

剛鬣之族

一、神話・文化・豬

歐洲的瑞士，在新石器時代已經開始飼養豬，在亞洲，最早養豬的是中國。中國早在四千八百年以前就開始養豬，非洲的埃及是在三千五百年以前，美洲大陸原來沒有豬，是隨著哥倫布發現新大陸而從歐洲把豬帶到了美洲。我們現在養的豬，其祖先就是山林間的野豬，就如同我們現在所養的狗其祖先是原野的狼是一樣的。古代在野豬還沒有被人類飼養為家豬以前，野豬是危害人類的猛獸，野豬不但在山林間出沒，攻擊人類，而且成羣地到田間吃人類辛苦所種的農作物。金代的詩人元好問有〈驅豬行〉說：「沿山蒔苗多費力，辦與豪豬作糧食，草庵架空尋丈高，擊版搖鈴鬧終夕……長牙短喙食不休，過處一抹無禾頭，天明壟畝見狼藉，婦子相看空淚流……」可見野豬毀人農田的嚴重情形。

遠古時代野豬爲人類大患的事實也反映在古代的神話之中。神話說堯的時代，天上十日並出，使得草木枯焦，五穀不收，人民沒有糧食，這時大地上充滿了凶禽猛獸，其中一種可怕的猛獸就是封豨，封豨就是野豬，《山海經・西山經》說：「竹山其陽有獸焉，其狀如豚而白毛，大如笄而黑端，名曰豪彘。」同書〈海內經〉也說：「又有黑人，虎首鳥足，兩手持蛇，方啗之，有嬴民，鳥足，有封豕。」封豕也就是封豨，是身上長著如箭的長毛的大山豬，因其毛如箭，所以又叫箭豬。後來帝堯看到大地上的人類實在太受苦了；所以就派了天神后羿帶著紅色的弓和白色的箭到地上來，后羿射落了天上的九個太陽，並且在桑林射殺了爲害人類的封豨，於是人民才又開始安居樂業地在大地上生活下去，由這個神話，我們也可以知道古代的山豬是多麼可怕了。我們至今仍常用的一些形容勇武豪邁的句子如「豪放」、「豪爽」、「英豪」的豪字，原義就是由豪豕（野豬）而來，等到野豬被人飼養爲家畜之後，豬成了每戶人家不可缺的動物，所以在屋頂下養著豕的就是「家」這個字。

除了回教徒以外，全世界的人都吃豬肉，尤其中國人吃豬肉吃得最多。中國人養豬的歷史更是亞洲最長的，而中國人養豬的數量至今也是全世界第一。因爲有豬肉，因爲有各種不同的吃肉的方法，所以有聞名世界的中國菜。可是在以前生活條件不好的時代裏，並不是每一家每一個人都有肉可吃的，能吃肉的是那些有錢有權的人，所以有人批評這些有權勢居高位而沒有才能的人是「肉食者鄙」。孟子說：「七十者衣帛食肉。」就是孟子以能使社會上的老年人能夠有衣穿，有肉可吃，爲理想社會的藍圖；杜甫詩：「朱門酒肉臭，路有凍死骨。」是指責唐代社會中那些有權勢的人家有喝不完的酒和吃不完的肉，而勞苦的百姓們不但沒酒沒肉，連起碼的生活也過不下去，所以挨餓受凍而死於路邊，由此可以看出當時是以能夠吃肉與否而爲社會階級的分類。

我們通常所說的肉，指的就是豬肉，以前鄉間有句話說：「雖然沒有吃過豬肉，可也見過豬走路。」也可見對一般鄉間的人來說，吃肉畢竟也是難得的事，可是隨著時代的改變與生活環境的變遷，生活在今天現代都市的孩子們，卻正好是：「雖然沒有見過豬走路，可是也吃過豬肉」的情形了。

二、孔門與豬肉的故事

我們的至聖先師孔子是一個喜歡吃豬肉的人，但他吃豬肉的規矩很多，就是所謂「席不正不坐，割不正不食」，由此可見孔子是個美食家，孔子只有沉醉在音樂裏的時候，才會忘記豬肉的美味，所以《論語》說孔子「在齊聞韶，三月不知肉味。」如果我們反過來看的話，可知當孔子聽不到他喜愛的音樂的時候，他是很愛吃肉的，不然他也不會用忘了肉味來形容自己的專心一意了。

孔子的大弟子仲由子路在投入孔門以前，是個太保，他第一次見孔子的時候，打扮的是：「冠雄鷄，佩豭豚。」冠雄鷄是說頭上戴了插著雄鷄羽毛的帽子，佩豭豚是配戴著用雄豬皮做裝飾的劍。雖然「性鄙好勇，力志伉直」的子路初見孔子時是高傲跋扈無禮的樣子，可是孔子卻以禮開導他，子路後來就改穿了儒者的衣服去拜見孔子。

後來孔子帶著子路等弟子周遊列國，在陳蔡之地遇難絕糧，沒有東西吃。有一天子路不曉得從那裏弄來了一塊肉，孔子可能是眞的餓慌了，也沒問什麼，也沒管肉割切得方不方，就一下子吃了。這個故事也許是後來一般誹謗孔子的墨家之徒所造出來的吧？

孔子也接受過魯大夫陽貨的一分禮物，而這分禮物就是一隻小豬（《孟子・滕文公篇》說是蒸豚，那麼就是烤好的小豬了），魯大夫陽貨當時是季氏的家臣，想要見孔子，可是孔子不見他，所以他就趁孔子不在家的時候，送了一隻烤小豬過去；孔子還是不願見陽貨，所以也是等陽貨不在家的時候，到陽貨家去拜謝他，可是偏偏兩個人在路上碰到了。陽貨就叫孔子出來爲季氏做點事，孔子最後沒有辦法，只好說：「好啊！那麼我就出來做官好了。」（諾，吾將仕矣！）這個故事見於《論語・陽貨篇》，也可以看出古代人送禮，烤小豬是很貴重的禮物。

孔子的弟子之一，那個「一日三省吾身」的曾參，曾經爲了對小孩子的教育而殺了一隻豬，《韓詩外傳》記載這個故事說，有一天曾子和妻子帶著他們的孩子上街，孩子一路上哭個不停，曾子的妻子就對孩子說：「你不要哭，回家以後我們殺隻豬給你吃。」回家以後，曾子就要殺豬，妻子說：「剛才是哄他說著玩的，你怎麼當眞起來了呢？」可是曾子卻說：「對小孩子也不可以隨便開玩笑的，說了話就要算數，不能因爲他是小孩子就欺騙他……」結果還是把豬殺了煮給孩子吃。

和這個故事很類似的是孟母的故事。孟子小時候住在一個殺豬人家的旁邊，有一天他看到東家殺豬，孟子就問他的媽媽：「他們爲什麼要殺豬？」母親隨口告訴孟子：「殺豬是要給你吃啊！」孟子信以爲眞。母親說完了這話以後就覺得很後悔，不該對小孩子說謊話，所以就到東家去買了些豬肉回來做給孟子吃。孟子因爲住在殺豬人家的旁邊，小時候不喜歡上學而喜歡模仿殺豬，孟母覺得這樣下去不好，所以就搬了家，這就是孟母三遷的故事。

這兩個故事都是透過日常生活中最具體的豬和肉，來教育孩子們做人原則中「信」的問題。另外在《列子》書中的〈仲尼〉篇，孔子說：「受人養而不能自養者，犬豕之類也。」也是以此來啓發人們不要像豬狗一樣地被人飼養，而要自食其力。由這些故事，我們也可看出古代儒家之士是從日常生活中做工夫的。

三、武士・文人・豬肉

中國人既然養了五千年的豬，自然也就有許許多多吃豬肉的故事。其中有因爲能吃和敢吃生豬肉而改變了歷史的人，那就是《史記・項羽本紀》所見的樊噲。劉邦和項羽相爭，項羽的大軍四十萬集於鴻門，劉邦的軍隊十萬集於霸上，兩軍相峙，戰爭一觸卽發，項羽設宴於鴻門，埋下伏兵要殺劉邦。劉邦聽從張良的計謀而赴宴，在宴席上，范增命項莊舞劍，欲謀沛公劉邦，這時候張良命勇士樊噲進帳保護劉邦，當時樊噲目瞋眦視項羽，頭髮皆上指，目眥盡裂，十分的勇猛，項羽見而大驚，歎說：「眞壯士也！」於是命左右拿出可以裝一斗酒的大杯和一大塊生的豬肩給樊噲，樊噲立而飲酒，一口氣乾完了一斗酒，然後拔劍切生的豬肩而大口地吃，項羽問他：「你還敢再喝嗎？」樊噲答道：「我死都不怕了，難道還怕喝這點酒？」……

樊噲喝酒吃生豬肉的一節是鴻門宴中最驚心動魄的緊張時刻，如果不是他不怕死的氣勢壓住了項羽，劉邦能不能借著上厠所而開溜還是問題，如果劉邦在鴻門宴上被殺，以後的中國兩千年歷史也就改寫了。

文人之中，最愛吃豬肉的該是蘇東坡吧？幾乎所有的館子，你都可以點到一道叫做「東坡肉」的菜，這種特殊而美味的肉類的做法，就是蘇東坡所創始的。《竹坡詩話》說東坡「性喜嗜豬」，他在黃岡的時候曾寫過〈食豬肉詩〉，詩是「黃州好豬肉，價錢等糞土，富者不肯吃，貧者不解煮，慢著火，少著水，火候足時他自美，每日起來打一碗，飽得自家君莫管。」蘇東坡的這種「慢火少水」的煮肉方法，就是我們吃的東坡肉的做法。

蘇東坡「喜食燒豬」，他的好朋友佛印住在金山的時候，每次都燒好了豬肉等他來吃，可是有一天煮好的豬肉被別人偷吃掉了，蘇東坡爲此事做了一首小詩，詩是：「遠公沽酒飲陶潛，佛印燒豬待子瞻，採得百花成蜜後，不知辛苦爲誰甜。」

蘇東坡在岐下的時候，聽說河陽之地的豬肉最好吃，他就派家人去河陽買豬，可是家人買了豬以後，在回來的途中喝酒喝醉了，到了夜裏豬都逃掉了，所以他就在別的地方另外買了些豬回去給東坡。結果蘇東坡煮肉請客的時候，大家吃了東坡的豬肉，都大加讚歎，認爲是天下最好吃的豬肉，後來事情明白了，每個讚歎過的客人都覺得很慚愧。這個故事不但說明了蘇東坡愛吃豬肉，並且也說明蘇東坡擅長煮肉，以及那些盲目地跟著大家討好主人的食客。

遇到像蘇東坡這樣喜歡吃豬肉而又懂得吃豬肉的人，對於被吃了幾千年的豬來說，是幸還是不幸呢？

四、傳說•故事•豬精

《搜神記》說晉時吳郡有個讀書人姓王，有一天黃昏，當他要渡船過江的時候，看到堤上有一個年約十七、八歲的女子也在那裏等船，於是他就叫她一起乘船，到家之後又留她在自己家中過夜。一番繾綣之後，天亮時他解下一個金鈴繫在她的臂上作爲定情的信物，並且派人隨後到了這個女子的家，可是他們到了這女子的家以後，卻再也找不到這個女子，最後他們在豬欄中發現有一隻母豬的前腳上繫著那隻金鈴。

另外越州有一個書生叫李汾，性悅山水，住在四明山下，附近有一個富翁叫張老莊，喜歡養豬，積年不宰而縱之。有一個中秋節的晚上，月圓風清，李汾在月下撫琴而歌的時候，忽聽得牆外有人嗟歎，或言或笑，李汾開門見一個女子生得端正無比，女子說是因爲喜歡李汾的歌聲所以來到這裏，於是李汾就請女子進屋中，「煎茶、言笑、相謔、汾莫能及。下帷背燈，琴瑟已盡，忽爾晨雞報曉……」當天亮女子要走的時候，李汾捨不得讓她走，就偷偷地藏起了女子的一隻青氈做的鞋子，過了不久，女子回來找鞋，並對李汾說：「願無留此，今夕再期，若收之，妾身必死，今拜謝君子，幸無留。」李汾還是不肯還她鞋子，女子號泣而去，李汾驚覺而起，床前不見女子，只見鮮血滿地，李汾開籠看那隻鞋子，只見籠中的鞋子已是一隻豬蹄。李汾循著血跡下山，直到張老莊的家，張公圈內的羣豬，看到李汾，都瞋目咆哮。李汾把事情的經過告訴了張公，張公大驚，於是把這些豬都殺了，李汾也棄此山院，別遊他鄉。

以上兩個故事都是六朝的志怪小說中常見的典型，是屬於「異類婚姻譚」的一類。中國小說中出現的這種異類婚姻，其女子或爲蛇，或爲豬，或爲雞……而男子多半是書生。這類的故事，一方面反映出寒窗下的書生，藉著幻想以滿足自己慾望的那種苦悶心靈，另方面也似乎反映著社會上一般大衆對那些手不能提籃、肩不能挑擔、百無一用的書生的諷刺和嘲弄吧？除了小說中的幻想和虛構的故事以外，歷史上的人物，也有豬精的傳說，比如《太眞外傳》說唐明皇曾經和安祿山夜筵，安祿山醉後化爲一隻豬，可是這隻豬是龍頭豬身，左右把這件事告訴了唐玄宗，玄宗說：「此豬龍無能爲。」而沒有放在心上。後來果然安祿山稱兵造反，危害中國。《蜀志・關羽傳》說關羽出軍圍樊城時，夜夢羣豬齧其足，醒後對其子關平說：「吾今衰矣！」果然兵敗，遇難而死。《華陽國志》說在蜻蛉縣有一個長峽谷，石中有石豬，子母數千頭，故老相傳夷昔牧豬於此，一朝豬化爲石……。《洞冥記》說漢武帝未生時，景帝夢見一隻紅色的豬乘雲而降崇芳閣，景帝醒來以後，看到滿室赤氣如雲，武帝就出生了。這麼看來，雄才大略的漢武帝也是豬精投胎的了。

五、豬八戒與其他

在豬的故事中，最爲人們所熟悉的莫過於《西遊記》中豬八戒的故事。也有人說整部《西遊記》寫的就是人性的問題，比如以玄奘象徵理性，以孫悟空爲不能駕馭的意志，以豬八戒爲人性中的食慾與貪淫之慾……而在《西遊記》中，豬八戒就是這種貪食、好色、懶惰的豬性與人性的結合，他原是天上的天蓬元帥，因爲酒後調戲嫦娥而被貶謫人間，投胎的時候又因爲投錯了而成爲豬首人身的樣子。在天主教是以豬作爲貪食的象徵，而在佛教的生死輪廻的圖上，是以鴿代表貪染，以蛇代表瞋恚，以豬代表愚癡。《西遊記》中的八戒，也是這種愚癡的代表。

可是儘管豬八戒是這樣地充滿著人性中的各種缺點，而大多數讀《西遊記》的人，卻毋寧對豬八戒這個角色是同情並且喜愛的，因爲他的形象像是一面鏡子，鏡中照出的是每一個人或多或少都含有的人性缺點。豬八戒不像他的師父三藏法師那樣永遠維持著自己最高貴的情操和對眞理的信念，他也不像他的師兄孫悟空那麼累，永遠不停地和羣妖戰鬥。他是個機會主義者，能偷懶就偷懶，能享受就享受，遇見好東西就吃，遇見漂亮女子就愛，而又經常抵擋不住外界的誘惑，他也常常很努力的做一些事，可是又老是做不好……如果《西遊記》中沒有了豬八戒這個角色，整部書一定變得很沒趣。

民間有許多故事和歇後語都是以豬八戒爲對象而成立的，愚癡的八戒經常是民間嘲弄和諷刺的對象，可是這種嘲弄與諷刺不是嚴肅的道德批評，而是一種充滿同情和了解的幽默。與其說是冷酷的，不如說是溫暖的，民間的許多中國人就是這樣地在眼淚和微笑之間嘲弄豬八戒，也嘲弄自己。沒有一個小說中的人物，能夠像豬八戒那樣地帶著他所有的缺點而跑進了民間大衆的心裏面去，透過這些和豬八戒有關的民諺，也可以知道一般人是很喜歡他的。

豬八戒吃鑰匙——開心

豬八戒吃核桃——回回吞

豬八戒吃豬肉——忘了自己姓名

豬八戒進屠場——自己貢獻自己

豬八戒結親——一個高興一個哭

豬八戒看唱本——假斯文

豬八戒照鏡子——裏外不是人

豬八戒嫁妹——看我就行了

豬八戒戴花——自以爲美

此外我們由至今許多沿用的，以豬爲比喻的成語，也可以看出豬與我們的密切關係。通常我們想到豬，最常聯想的是牠的笨、牠的髒，我們有句成語是「豬卑狗險」，是說豬性卑而率，狗性險而拙，可是豬狗之所以和人親近，正是因爲牠們的率眞與樸拙吧？

另外我們又常把沒有見識的人所做的沒有見識的事稱爲「遼東之豬」，這故事見於《後漢書》，是說以前有一個遼東人，其豬生子白頭，他覺得這頭白豬是很稀罕珍貴的，所以就準備把這隻豬獻給皇帝，等他入關到了河東，發現河東之豬全是白色，所以只好黯然而還。

可是豬也有牠勇猛的一面，王莽曾經爲了抵抗北方的匈奴，選擇一批死囚流犯組成了一支敢死隊，號稱「豬突豬勇」，是取豬性觸突人而不退，勇往直前的意思。野豬原是極其猛悍的動物，經常結隊出沒，豬因爲沒有脖子所以只有永不後顧地往前邁進。阿拉伯的俗諺說：眞正的勇士是具備著雄雞之勇，牝雞之察，獅子之心，狐狸之狡，刺蝟之謹愼，野狼之敏捷以及野豬之奮迅的人。可見奮迅勇猛的豬，也是古今中外所共同稱讚的。

豬的傳奇

——東北通古斯族與神話中的后羿

古代中國所稱的「東夷」，包括古亞洲與通古斯兩個民族，古亞洲族分布在滿州、朝鮮及渤海沿岸一帶，是東北地區的原住民；通古斯族則是由他處遷入。古亞洲族受到周民族、通古斯族及蒙古族的壓迫侵襲，一部分被同化融於這些民族之中，一部分則退居今日亞洲的極東北地域。

古亞洲族及通古斯族都是被漢民族泛稱爲「東夷」的民族，從古代到漢魏，東北大陸的東夷族是以古亞洲族爲主要民族。自隋唐以後，通古斯族便代替了古亞洲族，而成爲東夷族羣的主體。

「通古斯」的語言原義是「一隻豬」的意思，指的是東北地區那些以養豬爲業和以豬肉爲食的民族。通古斯族是亞洲最早養豬的民族，早在四千八百多年以前他們已經開始養豬。後來成吉思汗的時代，蒙古土耳其察合臺國慣稱東方的中國皇帝爲「豬皇帝」，又稱女眞皇帝是「豬尾皇帝」，指的是東方食豬肉的民族及辮髮的民族。朝鮮族的始祖神話說他們的始祖朱蒙降生以後，國王把他置於豕牢，豕以氣噓之，得以活命。通古斯族一支的挹婁則是「好養豬，食肉衣皮，冬以膏塗身御寒氣」的民族，滿族是以豬為聘幣以及以豬祭天，祭天的儀禮是把酒灌入作為祭品的豬耳朶裏，豬耳朶一動，就表示天神接受了祭祀；這種祭儀，滿族稱為「領牲」。由這些關於東北族羣飼豬、以豬為食物及日常生活用品的記載，可知原義「一隻豬」的通古斯族名，是鄰近一些不食豬肉的東胡民族對通古斯族的稱呼。

「東夷」的「東」是方位，泛指居於中原民族東方的各民族，「夷」字的解釋，《說文》說是「從大從弓，東方之人也。」指的是東方引弓射箭的狩獵民族。出現在漢族文獻中的英雄后羿，又稱「仁夷」或稱「夷羿」，古文仁和夷是同一個字，已經說明了后羿是屬東夷的族羣。《左傳》說后羿自鉏遷於窮石，因夏民以代夏政，指的是東夷族的后羿自東北向西南進出，又說后羿「恃其射也，不修民事。而淫於原獸……」自然是說后羿仗恃其善射之能，以狩獵為事。另外從神話中后羿上射十日等事，以及《楚辭・天問》「帝降夷羿，革孽夏民，胡射夫河伯而妻彼雒嬪」的故事，也都可以知道后羿是東夷善射的英雄。滿族的祖先是古代東夷通古斯族的肅愼國，肅愼是以善射和善製弓矢出名的民族，《後漢書》說他們「種衆雖少而多勇力，處山險，又善射，能入人目，弓長四尺，如弩，矢用楛，長一尺八寸，青石爲鏃，鏃皆施毒，人中卽死。」這支善射箭以及能製造毒箭的民族，在周武王克商以後，曾爲了表示友好而向周王室進貢「楛矢石砮」，周王室因爲要取得通古斯族的弓箭，曾與之聯婚。

我們現在所養的豬，其祖先就是山林間的野豬，野豬在沒有被人類飼養爲家豬以前，是危害人類的猛獸，野豬不但在山林間出沒，攻擊人類，而且成羣地到田間吃人類辛苦所種的農作物。金代詩人元好問有〈驅豬行〉一詩說：「沿山蒔苗多費力，辦與豪豬作糧食，草庵架空尋丈高，擊版搖鈴鬧終夕……長牙短喙食不休，過處一抹無禾頭，天明壠畝見狼藉，婦子相看空淚流……」可見野豬毀人農田莊稼的嚴重情形。我們至今用來形容勇武豪邁的一些句子如「豪放」、「豪爽」、「英豪」等的豪字，原義卽是由豪豕（野豬）而來，等到野豬被人類飼養，豬成了每家不可或缺的肉食動物，所以在屋頂下養着豕的，就是「家」這個字了。

因爲古代的野豬是人類的大患，因此能夠征服野豬的人就是部落裏的英雄。后羿神話中說帝俊賜羿彤弓素矰，以扶下國，后羿上射十日、下殺猰貐（吃人的怪獸）以後，並且「禽封豨於桑林」，封豨就是身上長著如箭長毛的大山豬，因爲其毛如箭，又叫「箭豬」。《楚辭・離騷》也說后羿「又好射乎封豬」，〈天問〉則說后羿「封豨是䠶，何獻蒸肉之膏而帝后不若」，是說后羿以豬祭天，向天帝獻上了豬肉而卻不爲天帝所悅。神話的背後，也反映著東夷通古斯族以豬祭天的儀禮。

從古代通古斯族善射和以豬爲部族名稱的史實，看神話中夷羿善射和以豬祭天的神話內容，都可以看出漢族文獻中出現的英雄后羿，很可能是起源於古代東夷通古斯族的神話傳說，而且今日滿族民間傳說中的十日並出以及英雄射日的故事，和「月亮阿沙」女子奔月的故事，也應該和后羿射日及嫦娥奔月的神話有一定的關連。

吃人習俗與吃人的方法

吃人風俗的形成是隨著原始民族的宗教儀禮而來的，原始的食人族相信吃了人之後，就可以把死者的靈魂移到自己的體內，而使自己產生神秘的咒術力量。也有的食人族是爲了對敵人憎惡或復仇的心理而吃人的。

據說歐洲在舊石器時代有吃人的習俗，直到近代在西非和中非、新幾內亞、澳洲、紐西蘭、菲律賓，也還分布著原始的食人族。

馬可波羅的《東方見聞錄》記載說東方的中國，直到中世紀仍然有吃人的習俗，而事實上中國歷史上的吃人記載也的確是許多的，但是中國史上的吃人是不同於原始食人族因爲宗教儀禮而吃人的，是基於現實性的政治或社會的因素。

中國史上的吃人，動機大概有五種：其一是由於饑餓。《左傳》宣公十五年記載說「敝邑易子而食，析骸而爨。」《列子・說符》：「楚攻宋，圍其城，民易子而食之，析骸而炊之。」

從古書上「凶年人競相食」的這些記載，可以知道在古代中國因為饑餓而吃人的事是常有的，如漢高祖二年（西元前二〇五年），由於諸侯並起，民失所業，而引起大饑荒，當時的情形是「凡米石五千，人相食，死者過半，於是高祖乃令民得賣子，就食蜀漢。」

其二是由於戰爭。唐代張巡、許遠守睢陽，敵兵圍城，城中糧盡，外援又不到，於是張巡先殺了自己的愛妾，許遠殺了自己的從僕給守城的士兵吃，然後又接著殺城中的婦人，最後殺城中老弱男子，這些婦人與男子，都做了士兵的糧食。蒙古太宗圍金京汴京的時候，也有過「城中食盡，人相食」的事，明末李自成，兵陷開封的時候，開封城中是一片「城中父食子，夫食妻，兄食弟」的慘況。

其三是由於憎恨。中國人對於自己所恨的人常是「欲噬其肉」，現在也有人說「恨不得咬他一口」。梁武帝時的反將侯景，被殺以後曝市，士民爭食其肉；唐代楊貴妃的哥哥楊國忠在馬嵬坡被殺，也是「士卒食其肉」；明代權臣劉瑾死後也有「民爭購其肉，食之以洩恨」的事；岳飛抵抗金兵，〈滿江紅〉中有「壯志饑餐胡虜肉，笑談渴飲匈奴血」的話，也是由於對敵人的憎恨而欲噬其肉的想法；孔子的弟子子路，最後也是被剁成肉醬給吃了，原因是由於子路太正直而得罪了當權派；唐代的猛將丘行恭「食逆臣心肝」，是由於對叛臣的憎惡。

其四是由於治療疾病的迷信。唐玄宗時的陳藏器，在他所著的《本草拾遺》中有以人肉爲藥材的記載。宋元以後，中國割股療疾的孝子越來越多，在元代，蒙古人政府是很獎勵漢人這麼做的，當時對這種孝子的獎勵是「賜絹五疋，羊兩頭，田一頃。」到了明太祖的時候，孝子們還是動不動就割肉給父母吃，朱元璋覺得這是不人道的事，洪武二十七年，下令禁止了。可是民間仍然有許多的孝子這麼做，似乎直到前幾年，臺灣報上仍出現過南投某鄉村婦，割肉煮藥給婆婆吃的「孝行」。

其五是由於嗜好。所謂吃人的「嗜好」，應該是一種心理變態的事，《韓非子》記載說齊桓公好美味，於是易牙「蒸其首子而進之」，還說：「易牙爲君主味，君之所未嘗食，唯人肉耳，易牙蒸其首子而進之，君所知也。」和易牙類似的是《莊子》書中所見的介子推，「介子推，至忠也，自割其股，以食文公。」另外五代的高澧和萇從簡，都是「喜食人肉」的人，他們常到街上掠行人或捕小兒，抓回去煮了吃，唐代的薛震和獨孤莊，也是「嗜食人肉」的。這都是變態嗜好的例子。

小說中也有爲了招待自己的朋友而殺妻的事。《三國演義》第十九回說劉安聽說劉備來了，欲尋野味供食，一時不能得，乃殺其妻以食之，劉安的妻子就如此地做了劉備的「野味」。《水滸傳》中的肉包子是人肉做的，朱貴在梁山泊開的酒店是：「輕則蒙汗藥麻一翻，重則登時下結果，將精肉爲包子，肥肉煎油點燈。」

東晉的時候孫恩掠東南沿海，捉到縣令以後，做成肉醢，強迫縣令的妻子吃，妻子不吃，就把她「輒支解之」了。唐光啓三年（八八七年）的時候，楊行密圍攻廣陵，他的部隊到處掠人，再把這些人推到市場上去賣，不是賣給人家當奴隸，而是「驅縛屠割如羊豕，積骸流血，滿於坊市」的買賣。《舊唐書・黃巢傳》說當年關東歲無耕稼，人餓倚牆壁間，黃巢的兵俘人而食，日殺數千，黃巢的兵有「舂磨砦」，爲巨碓數百，把人活生生地納於臼而碎之，合骨而食。同《舊唐書》又記載朱粲吃人的事說，朱粲告訴士兵說：「食之美者，寧過於人肉乎，但令他國有人，我何所慮？」有人問朱粲人肉的滋味，朱粲說：「如果吃到一個酒鬼的肉，正好像是醃過的豬肉差不多。」（若噉嗜酒之人，正似糟藏豬肉。）

南宋的莊綽（見〈鷄肋篇〉）也是個喜歡吃人肉的傢伙，他並且細論人肉的滋味說：「以小兒爲上，婦人次之，男人又次之。」分三等。又詳述吃人的方法說：「或使坐兩缸間，外逼以火，或於鐵架上生炙，或縛其手足，先用沸湯澆潑，卻以竹帚刺去苦皮，或乘夾袋中，入巨鍋活煮，或封作事件而淹之，或男子則止其雙腿，女子特剜其雙乳。」當時他們簡直把人當做是可以任意料理的豬羊。士兵把捉來的人通稱爲「兩角羊」，把老瘦者叫做「饒把火」，年輕的女子叫做「下羹羊」，小孩叫做「和骨爛」。當時人肉的價錢，賤於犬豕，「壯者」一斤不過十五錢。到了明末李自成吃人的時候，人肉的價錢是男子每斤七錢，女子每斤八錢。而當時豪門買一個棺材要花三百二十兩銀子，一匹馬值七八十兩銀子，一個丫頭是十二兩。

回頭過去的歷史，固然有許多先人光榮輝煌的事蹟帶給我們無限的溫暖，但也有陰慘暗淡的一面使我們不寒而慄。無論過去所見的吃人記載是基於上述的哪種動機，這一切都是產生在歷史上的悲劇，悲劇往往使人產生無限的警惕，透過以往的黑影，後來的人當必能更知道如何珍惜自己所處的時代。

VI.

IV

巫師與巫術

在一種忘我、催眠、恍惚的異常精神狀態下，進入一個非現實的神秘世界，與鬼神、亡魂、精靈等超自然存在的東西直接交涉，這種交涉的過程，往往伴著占卜、醫療、祭祀等咒術性的實用意義。能夠操此類神秘性的職能者，就是所謂的巫。

入巫儀禮，是透過巫者肉體的解體或自戕，以進入另一個靈異世界。巫是聖與俗，也即現實世界與超現實世界之間的仲介，宗教民俗學上所常見的憑靈(Spirit Posscession)、靈媒(Spirit Medicemship)或薩滿(Shaman)，都可以說是屬於巫的世界。Shaman 一詞，原是指東北亞通古斯族的咒術師，十九世紀以後，因爲被宗教學、人類學和民族學的學者廣泛使用而成爲世界通用的一個專門名詞，印度巴里文稱 Shaman 是 Samana，據說就是佛教用語「沙門」的本原，波斯語是 Shemen，意思是指「偶像」、「祠廟」。古代中國稱此類人爲「巫覡」，男的叫覡，女的叫巫。古代神權的天子，宗教的祭司，求仙的方士，煉丹的道士，以及今日許多未開化民族民間的巫醫和羣落的酋長……都是具有原始巫師性格的聖職者。

成巫的方法也大致上可以區分爲三種：一種是天命，也就是神召，在一種特殊的精神狀態下（脫魂、憑依、大病之後……）接受神的選擇或指示而成爲巫，此類巫師多半是身體畸型或精神異常者。第二種是世襲，是指特定的巫系家族，世代相傳巫師的技能、祝詞以及儀式而成巫師，此類的巫多半是在政治上或宗教上有相當勢力的宗教家族或集團。第三種是自力成巫，普通的人自我發願，拜巫爲師，學習種種巫術和儀禮以成爲巫，民間的乩童、跳神之類，多半屬此。

巫師最大的本領自然是他（她）們所能施行的巫術。一般而言，巫術分黑白兩道，白色巫術是指對人有利的，如治病、消災、乞雨、乞子……。黑色巫術則相反，如用蠱、奪魂，使人中邪生病以致死亡等各種恐怖伎倆。宗教民俗學者，又把巫術加以細分而有：交感巫術（或稱感應律），認爲通過某種神秘的交感，可以遠距離地相互作用；模仿巫術（或稱相似律），認爲巫師僅僅通過模仿，就能實現他想做的事；接觸巫術（或稱觸染律），認爲將某人所接觸過的東西，施以法術，即可作用於此人，如燒毀某人的頭髮或衣服，針刺某人的相片或象徵某人的木偶人形；反抗巫術（或稱反投律），認爲用較高的巫術能夠鎭壓較低的巫術，如身上所配帶的護身符，門前所貼的驅邪咒，仙姑捉鬼，道士收妖……等等之類。

除了這些宗教民俗學上的巫術分類之外，各民族間另外有一種戀愛巫術，這種巫術有如愛神的箭或迷幻的春藥，只要中了此術，就不由得你不陷入相思，深愛不疑，不管對方老醜病殘與否，如西南邊區苗族傣族食品中施放的相思草或相思蠱，古代印度《阿達婆吠陀》所見的相思咒，這類的藥物或巫術，都會讓人吃錯了藥似地產生愛情的瘋狂病。

妖術

妖術是一個叫做「痛苦」的母親所生下的女兒，是一切叛逆者的希望寄託，也是教會和權力者所禁止的叛逆果實。

妖術盛行的時候，一定是在內亂或與外國戰爭的時候，或是在天災、饑餓、經濟混亂或疾病流行的時候，妖術是陷於痛苦中的人民的一個惡夢。妖術往往是當時人民生活的反映，是恐怖和憎恨的化身。

一般說法認爲歐洲的妖術起於中世前期的黑暗時代，當時人民處於一片絕望的環境中，於是產生了對妖術的狂熱信仰。但是在舊石器時代的壁畫上，已經出現了魔女的畫像，這些魔女顯然是行使神秘咒術的人，西元前一千二百年，埃及有過鎮壓魔女的事，西元前四世紀，希臘也有過處刑魔女的記載，可知妖術的最早起源是在相當古老的時代裏。

西元五八九年，「妖術使」的名詞出現了，妖術使自然是能夠行使妖術的使者，當時妖術的興起是一方面由於對基督教的反逆。那時候基督教尚未能夠征服所有以前既存的宗教，以前的古代宗教信仰仍然十口相傳地被保存著，爲了抵抗基督教，於是異教徒們在深夜中舉行異神崇拜儀式。另方面是當時社會上有一種象徵男根崇拜的黑色牡山羊信仰，由此信仰也導致許多妖術的發生。關於黑山羊的崇拜是這樣的：

信者愛黑色的牡山羊而委身於牠，委身於牡山羊的少女們必須在深夜去盜取嬰孩的屍骸，然後一面喝酒一面吃死嬰的屍體，但是任何料理是不准放鹽的，因爲鹽是惡魔所討厭和懼怕的東西。

這種深夜中舉行的儀式，即是所謂的「夜宴」了，有時候是在森林中舉行，生起一堆烈火，信徒們到墓地去盜取屍骸，把這些人骨放在自己的前面，然後以小刀割破自己的左手，讓自己的血液滴到骨頭上，據說在紫色的火焰中，惡魔就會出現……

中世時候的妖術使是能夠與惡魔交通的人，信者必須發誓效忠惡魔，以惡魔之名而行使洗禮，洗禮以後自己就是把靈魂交給了惡魔，然後在身上再蓋上「惡魔之印」（通常是以小刀或針割刺身體某部而留下永久的痕跡），如此就是完全的惡魔之徒了。

十四世紀的時候，妖術的信者間流行一種媚藥，這種媚藥被認爲是具有不可思議的神秘咒力，藥是用月經血、指甲、墓地之土、腐爛的老鼠等東西混合葡萄酒而製成的。妖術的信者們在深夜中到森林裏聚會，互飲這種媚藥，或以裸舞及性行爲祭所信仰的惡魔。

十七世紀的時候，美國尚是英國的殖民地，當時英國的殖民地政策變動，引起了當地與教會之間的摩擦，在殖民地又因爲要忙著和印第安人戰爭，以及社會上司法權行使的崩壞，於是社會秩序十分地混亂，在這時候妖術也就流行起來了，一六九二年約有二十人因爲行使妖術而被宣判死刑，被視爲魔女而加以檢舉的有數百人之多。

自古以來行使妖術的以女人爲多，歷史家 Micheilet. J. 說：「如果有一個男妖術師的話，那麼必定有一百個女妖術師。」他認爲女人之所以成爲妖術的使者，原因在於女人是天生的「妖精」，在身體上和精神上都較之男人纖細，所以容易成爲妖術師。另外是宗教上的說法，認爲女人是由亞當的一根肋骨所造成的，所以是不完全的動物，因此比男人容易受惡魔的引誘，而成爲惡魔的代言人。還有一種社會型態上的原因是由於女人的地位低下，往往在男性中心的社會中被視爲奴隸，由於不公平的社會地位而產生了心理上的補償心理而成爲行使妖術的魔女。

在歐洲各國，以前都有很嚴酷的法令制止妖術，有的甚至是以這種法律來壓迫所有的非基督教徒。例如英國雖然在一七三六年廢止了魔女法，但是在這之前，有數千的「魔女」被絞首以後又施以火刑，絞首是斷絕她的生命，火刑是爲了斷絕她的靈魂。在西歐荷蘭諸國以及他們的殖民地上，一四八四年以後被判爲妖術者，處以火刑而死的人數據說有九十萬人，可見統治階層已經是假借處刑妖術者而實施政治上的殘酷屠殺。

中國自古以來的民間社會有普遍的妖術流行，尤其是每當社會動亂不安的時候，更是神話與妖術互相結合的大好機會。但是中國的妖術與西方的妖術是有許多不同的，中國的妖術是宗教的成分少而現實的目的多，如果有人願意從這方面去研究或比較一下中國的妖術，一定會是很有意義的論文吧？

鬼的世界

——現代大陸東北農村民俗之一

一、鬼的世界

農村裏，若老者故去，人們說「他的壽數到了」；若年輕人夭折，農民說「他被勾走了」。一位小伙子告訴我，他的姑媽臨終前，他守在身邊，姑媽無子，視他為親生骨肉。姑媽的獨生女——他的表妹當時外出未歸，姑媽去意漸濃，他一再請她再等表妹一會，姑媽用衰弱的聲音回答：「不行了，不能再等了，他們催促我了。」終於，在門外傳來表妹的腳步聲之時，老人長嘆一聲：「我得跟他們走了」，說完就合上了眼睛。一位年已八旬身體依舊健壯的老太太，突然死去了四十二歲的女兒，經受了老送少終的打擊的老人，逢人便講，女兒回娘家看望她時，很奇怪地提起了村裏一位已逝去幾年的死者，說不久前見到他了。「我那可憐的閨女，是活活被人家拉去的呀！」老太太用手絹擦著紅腫的眼睛說道。

農民相信人的死，是由於魂被鬼勾走了，魂入了鬼的世界，也稱爲陰間地府。至於鬼的世界究竟是什麼樣子，能頭頭是道地講清楚的人不多。關於地獄的景象，老年人是在早年辦喪事時，從唱經班的和尚立起的幡上看到的。那上面畫著十八層地獄、刀山火海及割舌、砍手、削足各種刑罰等，警告人們有生之時不要做壞事。現在，喪事從簡，請唱經班一項被省略了，關於地獄，年輕人只能從老年人那裏道聽途說一些。

對鬼的世界眞正有了解的是風水先生、算命先生和農村裏稱爲「通陰的人」。每個村落裏一般都有兩三位這樣的人物，他們雖然各自側重點不同，但基本上是相通的，常常一身二職，會算「休、生、傷、杜、井、死、驚、開」等八大生死之事項，號稱八門。

風水先生對我講述的鬼的世界，似乎是一個等級森嚴的「官僚社會」。最高的統治者是地藏王，左右有掌生死簿子的判官，之下有十殿閻君，他說「地位如省級幹部」。每隔一段時間，判官要提出一批名單交給各殿閻君，由他們分別下發至「地方官」城隍廟，再轉發往「鄉政府」十一（九七）聖祠，村一級的官是住在小廟裏的小判官，領旨後派小鬼依名册去陽世勾魂取命。小鬼進門時，要向該家的灶王爺打聲招呼，告之將某人接收了，然後領其上廟，這是故人進入陰間的第一站。

人死後幾天之內，靈魂並未離開陽間，而在家舍周圍遊蕩，七天上望（見「逝去之祖先」）之後，才依依不捨地隨著小鬼上路。路途中，首先遇到兩座橋，一爲極樂橋，有金童玉女立在橋旁，在人間做了很多善事、極富功德的人才可以通過此橋而進入西方極樂世界；大多數平民百姓過的是斷魂橋。過了橋後，有棵丫叉樹，有枝無葉，靈魂要將隨身穿的大布衫脫掉，掛在樹上。再前行，有惡狗莊，人世間餓死的狗的靈魂集於此，靈魂要將手裏攥的肉包子揚出去，甩動鞭子驅趕惡狗，才可通過。之後便是陰山，山中布滿了各種刑場。靈魂要在每七日通過一位閻君的殿堂，接受他的審訊，如生時有罪，就要被上刑，百日之內，完成十殿閻君的審查，依其功罪，被發送到不同寓所。風水先生說：「這就是『善惡到頭終有報，不過來晚與來遲』。」

在陰間生活了一段時間的人，還會再回到陽世來。從鬼的世界通往人世之路只有一條兩邊是懸崖的窄窄通路，路的盡頭有一破夢亭，內坐一老嫗，手持迷魂藥，強迫到此者喝下，之後靈魂將忘卻陰間的一切，隨後進入一大轉盤，隨著轉動，靈魂由於隨機地進入人、動物、植物不同的格子而托生爲不同的東西，「這就是『人莫心高，自有生成造化，事由天定，何由人巧用機關』。」風水先生說完，習慣地瞇起了眼睛。

二、通陰的人

「壽比南山不老松」、「人壽年豐」、「老壽星」等等，民間關於長壽的春聯、俗語很多。長壽，是農民生活觀的一項重要內容。

既然壽命是由陰間的判官掌管著，壽數是否到了，要看生死簿子上自己的名字是否被圈畫，那麼想方設法到判官那裏通融求情，就是人們延長壽命的重要方法了。誰去求情呢？要請通陰的人。

他們通常是些上了年紀的男人，有些人家出了病人，病入膏肓了，就請來他們。通陰者爲人治病的過程有些類似半仙（卽鄉村裏的巫醫），閉目祈禱，口裏嘟嘟囔囔地叨唸些旁人聽不懂的咒語。但是，半仙閉目，神遊的是仙的王國，而通陰者魂繫的是鬼的世界。之後，通陰者興許爲病人留下些驅小鬼的符，燒了化水讓病人喝掉便可壯陽氣。

舊時，通陰的人一般不以爲人看病求壽爲職業，而且，也不輕易答應別人的請求，除非是親朋好友。因爲，他們有可能會因此受到閻王爺的懲罰。聽說過去有位公二爺，能很準確地爲人斷壽，遇到有人壽期將至，其家人偏要請他爲之求壽，如果他拗不過鄉情而照辦了，夜裏，人們會聽到他在睡夢中噼噼啪啪地打自己嘴巴子，痛苦地慘叫不已。看著他受磨難，村裏人心中過意不去，所以，在他逝去已幾十年的今天，人們仍念著他的好處。公二爺爲人求壽從不收錢，豁出自己的命保別人的命，以多少錢也抵不過這分情，人們只有極好地相待，照顧孤老一人獨處的他。

今日，通陰似乎已成了一種職業。通陰的人走鄉串村，據生日時辰和面相爲人掐算壽期。如果問壽的人壽期不遠，就要舉行求壽儀式，以延長壽命。求壽者——通常是些老太太，立在通陰人面前，其長子跪在她身旁，通陰人手摸老人兒子的頭頂，默默唸咒，即可將她的壽期延長幾年。

若村裏來了個通陰的人，一時間，大姑娘、小媳婦、老太太甚至老爺子都去算壽，壽大的，喜笑顏開，壽短的，痛哭落淚，於是要再花上一筆錢「求壽」。到底如何求來的壽，是通陰的人買通了判官，篡改了生死簿子呢？還是他與小鬼暗交，使之不來勾魂取命呢？誰也講不清楚。

也有不信者，經常是些小伙子，好與求壽的大爺大娘開玩笑：「哎！二大娘，您老的壽期不早就過了嗎，怎麼還這麼硬朗？白叫人騙了不少錢吧！」老太太掛著意足的笑臉罵道：「小崽子，盼我早死啊！我這壽是先生給求來的呢！」

三、為先故送行

東北地區，老人逝去，不說「死了」，而稱「老了」。細致觀察辦喪事的全過程，家人及親屬雖然沉浸在生離死別的痛苦感情之中，但具體作法卻時時透溢出送行之意，非「休歸去」，而是「莫回頭，好生上路」。此行的去處，便是陰曹地府了。

老人一嚥氣，親屬要做的第一件事是「指路」。長子爬上屋頂的烟囪，手執扁擔，高喊：「父（母）親大人，西方大路，明光大道！」雖然亡魂是否能過極樂橋而走上西方大路尚屬未知，但孝子的心意盡了。當晚，要去村裏的小廟爲死者「報廟」。在廟的神位前擺上供品，燃一炷香。頭七日之中每天早晚報廟兩次，俗稱「到陰間報戶口」。現在這一項由於廟被平倒而多有省略。從死者的裝束看，也是一付「行裝」。親屬要爲之換上七件新衣，一件長衫，長衫爲掛在丫叉樹上而備，新衣據說是前七位閻君每見過一位時要更一次衣。兩手塞入肉包子，身旁置一棍，爲過惡狗莊而備。用紅絲線繞住死者的雙腳，稱爲絆腳絲，防止其還陽。將一塊小銀子置入其口中，人們認爲不能空嘴入陰間。在心口上壓上一個碟子——壓心鏡，也是讓其安心離去，不必惦念重返陽世。大衫內裝滿了紙錢，陰間是要些花費的，再說那邊可能路遇貪官，要些買路錢。腳下置一布紮的公鷄，稱爲鷄鳴子，一來引路，黯黑的陰府之路有這麼一個活潑的小生命陪伴，興許走得暢快些；二是意味著轉世托生成勤快的人，老百姓講究「人勤鷄鳴提褲，人懶睡到日紅」。

出殯前一天的下午，有一「送行」儀式，更是把送行之意表現得淋漓盡致。按直系親屬、宗親、姻親、鄰里之序，男女有別一列排開的縷縷行行的隊伍，中間夾雜著鼓樂班和擡供桌、紙車馬人兒的人們，前有一面鑼開路，聲勢甚是浩大。長子懷抱故人的牌位，手持一把掃把，走幾步掃路一下，意味著將死者在人世的痕迹消除。送行隊伍繞村一周，前行得極緩慢，走走停停，悲愴的鑼聲，哀婉的鼓樂，是血骨相連的親人，情同手足的鄉親，以及有生養之恩的小村落向故去的人告別的呼聲。早先，送行要送到村裏的小廟上，現在，就多送到村外了。選擇一寬敞的路口，人們依次向故人的牌位磕頭，燒掉紙車馬。如果死者是女性，則是紙牛車，牛能喝水，可代主人喝盡地獄血水蓮河裏流淌的女性生前用過的髒水。

七日「上望」，即死者故去的第七日晚上，家人在房子的烟囪下擺上供桌，燃上蠟燭，在桌子周圍撒一圈灰，全家老少著孝衫，對著烟囪跪拜在地。烟囪是故人的望鄉臺，遊蕩的亡魂此時歸來，順著立在烟囪前用秫秸紮的梯子會走到親屬中間，此刻他才能眞正明白自己已逝去，該跟著小鬼上路了。靜靜地傾聽，人們說可以聽到先故的腳步聲，第二天清早如果細細地查看，那一圈爐灰上有可能留下死者的腳印呢。

（聶莉莉，東京大學文化人類學博士。）

仙的王國

——現代大陸東北農村民俗之二

一、仙的王國

經過這麼多年破除迷信的宣傳，許多人以至不少學者都認爲鬼啦、狐啊什麼的在大陸已經消失了，只是在談論社會的昨天時才會涉及到它們。其實，在今天的農村社會，這些民間信仰是依然存在的。

據筆者最近在遼寧省農村了解到，農民信仙，俗稱仙兒（xianr）。主要有胡仙，由狐狸修行演化而成；黃仙，由黃鼠狼（學名黃鼬）變成；長仙和蟒仙由蛇蟒修煉成。舊時，幾乎家家房後都有一個半人高的小祠堂，裡面置一尊「胡仙之位」之類的牌位，俗稱保家仙，是爲了保佑家族平安，無病少災的。經過幾十年的社會主義革命，特別是文革當中的破四舊，小祠堂全部被扒掉了。但是，近幾年來，又有不少人家悄無息不聲張地修復了保家仙之位，有的如舊時一樣地用磚瓦壘在後院，大多是在串門來的外人不大進的裏屋墻上，貼上一張紅紙，上面寫着信奉的仙的名字，下面供上香碗。人們基本上是沿襲舊習，每月初一、十五爲保家仙進香，再虔誠一些的，則在七月十五殺鷄供仙。現在六十歲以上的老婦人，當媳婦時曾年年月月地進香供仙，仙在農民頭腦中的印跡是十分深的，所以卽使被停止多年，恢復起來也是很便當的。

過去，在農民的信仰中，仙僅是掌管祛病避災的，生財進寶、年景豐產、五畜興旺等，則由財、福、喜等諸神保佑。今天，對神的信仰已大大地簡化了，而神的職能不少也由仙取代了。比如，隨著商品經濟的發展，不少農民做起生意來，筆者調查的海城縣前幾年自發地形成了一個服裝市場——稱爲西柳大集。全國各地的服裝商販到此來採購各式低中檔面向農民的服裝，而本地農民中則有許多人辦起了家庭服裝廠，妻子孩子在家做衣服，也放些活出去讓同村的姑娘媳婦做，丈夫天天起早騎自行車馱大包衣服趕到集市賣。丈夫出門前，妻子要爲保家仙上一炷香，祈禱仙保佑今天的貨順利脫手，賣個好價。過去，這個領域是屬財神統轄的。

各家的仙位不是自家隨意立的，而是求村裏的半仙「請來的」。據說半仙是仙可附體、介乎仙與人之間的人。通常是一些婦女，早年常年生病，請半仙看過，被判定爲「仙折磨的」。仙認准了她，請她爲人治病祛邪，當地稱「出馬」，非出馬否則不能病癒。

曾走訪了幾位半仙。其中一位老婦人，由於老年性耳聾已無法與外人交談了。她的兒子是一位頗內向誠懇的青年，向我介紹了母親的事情：「我的母親在農村裏是俗話講的『窩囊廢』一類的人，作爲主婦，不會做飯和收拾家務。我小時候是喝半稀不乾的粥長大的，這是母親唯一會做的；由於營養不好，我六歲才會講話；甚至我結婚那天，母親也只做了粥。母親不識幾個字，人面前說話也不周全，但不知怎的，爲人治病來仙跳大神（卽仙附體）時，精力旺盛，神色衝動，講話準確流暢，與平時判若兩人，甚至會提筆爲人開藥方，也不曾見母親向誰學過，事後她總是講是仙指使她做的。」

另一位三十剛出頭的年輕婦女，十幾歲時患了精神病，無論五冬六夏，天天離村出走，家裏人很爲她操心。二十二歲出馬，當年病就好了，現在依然常常爲人看病，村裏人說「她的仙準」，卽治病靈驗。她告訴我，修煉成仙的狐、黃、長、蟒精們爲仙人，仙人有國，下有仙堂，每個半仙聯繫著一個仙堂，各個堂中仙人多少不等。而她的仙堂之中有仙十七位，坐鎭的名叫長百靈（長仙），是堂中最有權威的仙，住在離海城不遠的鳳凰城。本地的仙只有一位，住鄰村的魁星樓(祠堂名)，餘者均爲遠在雲南的仙。我有些不解，仙們怎麼會遠隔幾千里地聚爲一堂？他們過著怎樣的日子？面對我疑惑的面孔，她狡黠地笑了，說：「凡人怎能懂仙人的事情？連我這樣有仙的人也不曾窺伺，仙人來了，無知無覺地受其指使，仙人歸去，不留踪影。」她說仙附體時，她可爲人接骨、開藥方、治眼病，並否認自己學習過任何醫術。果眞如此嗎？我落腳的農戶家的兒媳恰好是她的同學，向我講起去她家串門時，曾見到過她在讀師傅借給她的書，原來她有師傅，她學過醫術！由於時間倉卒，我未來得及追踪到半仙們有些什麼書，但是，即使有時間，也是頗難的。也許是出於職業性約定俗成的習慣，也許是由於多年抵禦政治壓力、意識形態批判而產生的戒備本能，半仙們在農民面前跳大神時是神氣活現、大肆渲染的，而當被外人追及細節時，是戒備嚴密、含糊其詞、秘而不宣的。

二、仙的恩惠

仙對人最大的恩惠在於爲人治病。農村人將病分爲實病、虛病兩種。實病如東北人常患的氣管炎及心臟病、高血壓等；虛病指精神病、臆病，一時的身體反常，如突然失明、失聰、癱瘓等。患了實病，人們多去村裏的診所，每個村都有土生土長而又受過程度不等訓練的專職大夫。患了虛病，他們就要去求半仙醫了。

現在的農村雖然通了電，但是，大多數村裏沒有路燈，加上時常停電，到了夜晚，茂密的莊稼包圍的小村落依然黑洞洞的，夜幕下遮掩著無數的秘密，祖先的魂啊、小鬼啦，都是在夜晚出來活動，人們的神經綳得越緊越易受驚嚇；並且，作爲儒家倫理綱常被冷落、金錢及個人利害觀念衝擊的結果，農村裏父子隔膜、兄弟反目、夫妻分離的矛盾時常纏繞著人們，精神上的鬱悶也憋壞了一些人，所以，所謂虛病的發病率很高。另外，很多人相信患虛病的原因是因爲衝撞了仙。

聽說早年農村曾有些人無需藉助半仙，而直接與仙「對話」。家裏有了病人，親屬們親自去一些傳說是很靈驗的公共的小祠堂，供香求醫，「信則靈，誠則靈」，有的人家裏的病人果眞如期漸漸好轉了。現在，隨著這些公共小祠堂的消失，請仙醫病，只有通過半仙一個途徑來顯示了。

求仙治病，進門要先按照時興的規矩付上一定數額的「上香錢」。半仙在來者坐定後，燃上一炷香，幫君坐在半仙和病人之間。幫君通常也是曾疾病纏身，多方求仙醫治，但本身與仙無緣不可能出馬，僅做了半仙的幫忙者的婦女，像是半仙的「翻譯」。香煙繚繞中，半仙閉目，唸叨著請仙下界，越念越緊，身體不斷晃動，愈演愈烈。一忽，報馬仙，如凡世的聽差的先到了，問下病情，然後回仙國稟報，依照病狀，仙國派出適當的「專家」。仙「借竅兒」（附體）時，半仙開始逐漸安靜下來，以仙人的口吻或詢問病情開藥方，或動手接骨，或動筆畫驅邪的符，甚或用口吸外傷者的膿血，也有的則訓斥病人衝撞了仙，要求他虔誠地在家供仙，告之以此贖罪病會好的。

仙這樣地施惠於人，農村裏該沒有虛病患者才是。事實上，仍有不少。對這些人，農民們總是搖搖頭說：「不行了，邪入體了，轉爲實病了。」

三、仙的懲罰

在農民的觀念中，黃鼠狼、蛇之類的動物是惹不得的，即使做了偷鷄進房那樣的壞事，也只是攆走便了，千萬不能去傷害它們。但是，農村裏也有不信邪的，譬如士紳。當地有位劉三老爺，是那一帶唯一考中了的秀才，名望很大，至今人們提起他的學問和人品還讚不絕口。大約是五十年前的事了，一個小偷去他家後院偷了東西，慌慌張張逃走時，踩著旁邊的小祠堂翻過墻去的。三老爺一怒之下砸了小祠堂：「都說你靈，你怎麼沒能耐顯靈讓小偷摔倒，讓我把他捉住！」農民震驚了，三老爺吃了什麼膽子這麼大？事後小心觀望，三老爺活得好好的，於是有些年輕的男人也仿效三老爺，懷疑起仙來了。

可是，有不少人由於觸犯了仙而受到了仙的懲罰，村裏這類確有其事的故事很多。一個農民在土地改革之後，受破除迷信宣傳的影響下，拆了家裏的小祠堂，砍了旁邊的兩棵棗樹，種上了桑。事後，大病一場，高燒中自語道看見了仙——一條小白蛇，怨他砍了樹而無處玩耍。文化革命中，批判巫醫（半仙）的羣衆大會上，一位老實的農民被村幹部點名站起來發言，拗不過硬著頭皮講了幾句，當夜回家就說害怕，見了什麼都怕，一病三年，請了不少半仙醫，他妻子說最後是喝了畫著驅邪小人的符才好的。更有一些辛辛苦苦養了鷄，被黃鼠狼叼去了，由於心血白費而惱怒的老爺子、老太太，打死了黃鼠狼，但不久便或鬧眼病、或胳膊疼、眼皮跳的事。農民道，說有仙吧，除了半仙又有誰見過？說沒仙吧，那怎麼就出了這麼些邪事？所以，他們說自己要採取比較明智的態度——不可強信，但又不可不信。

旣要信，就要恭敬虔誠，否則也要受懲罰。一位婦女原來常年有頭疼病，請半仙看過，說「是仙拿的」（仙在折磨人）。原因是她家立的保家仙之位太不合體統，簡簡單單地在紅紙上寫上仙的名字就卷起來藏在墻上鏡子的背後，仙感到委屈，伸展不開，需要一個正正規規的位置。於是她恭恭敬敬地在裏屋東北角處擺上八仙桌，置放了仙位，並供上肉包子、酒及香碗和蠟燭。她天天上香祈禱，不久病便好了，筆者看見仙位兩旁有副對聯，上聯爲「誠奉一方靈」，下聯爲「有求千處應」，橫批是「有求必應」。

不信仙，要受懲罰，信仙不敬，也要受懲罰，如果旣信又篤信、恭敬，結果就大不一樣，就會得到仙的保護和恩惠了。

（聶莉莉，東京大學文化人類學博士。）

VII.

黃河之水

——河神原象及其信仰傳承

一、序　論

源於青海巴顏喀喇山，流經九省而到山東利津縣入海，長達四千六百多公里的黃河，是中國歷史文化的主脈。黃河中流的伊、渭、汾、洛諸水，是形成古代中國的民族與王權的搖籃，以伊水和洛水爲中心而形成的姒姓族建立了夏，以黃河岸邊的鄭州和安陽爲中心的子姓族建立了商，以陝西渭水中下游爲中心的姬姓族建立了周。這些古中原地帶的氏族所建立的不同王朝，使黃河古文化呈現了多元性的多彩特色，他們各自有對黃河之水的祭儀和信仰的傳承。夏民族所信奉的祖神顓頊、鯀、禹，其原始是他們所祭祀的水神，是一種魚蛇之形的河神。殷民族將黃河與自己的高祖列爲同一最高的地位而稱黃河爲「高祖河」。周民族以姬水爲姓，他們所信奉的姬水之神，即是後來演變爲全中國民族共同始祖神的黃帝。

在黃河所流經的黃色土地上，新興的民族與政權不斷地崛起，在氏族的興衰起落和王權的交替之間，民族與文化經過不斷的併呑、吸收和融合，逐漸發展成爲以黃河兩岸各族爲主幹而形成的漢民族及漢族文化。

黃河、黃土高原、黃種民族及始祖之神黃帝，這些奇妙的黃色組合，組成了我們從遠古到今天的文化香火與民族傳承，而自稱是「龍的傳人」的民族所信奉的龍神，其實也就是黃河的水神，是把原是魚蛇之形的水神加以神聖化而形成的一個民族圖騰。

二、夏民族的水神（祖神）系譜

幼發拉底河的河神是哀亞（Ea），原義是指「肥沃土地上的衆水之王」，他的神格原形是一隻魚，人格化之後的水神哀亞，是一位穿著魚皮的神，或者是人首魚身，拖著一條魚尾，在天文上哀亞是屬於雙魚座。

《舊約・撒母耳記》（Samuel）中所見的水神大袞（Dagan），其形狀是人面手足而魚身，此水神源自西亞的水神 Dagon，也卽巴比倫的水神哀亞。

印度的創造神大梵天和偏入天也同時是水神，色黑、魚形，類似中國的黑帝顓頊，他們的古神話說人祖摩紐（manu）因爲救了一條小魚（水神），小魚報恩而使摩紐躲過洪水之

劫，萬物消滅，唯一生存的摩紐成了人類的始祖。❶

英屬東非的阿基庫龍人以河中的水蛇爲河神，每隔幾年便將一些女子嫁給河神爲妻。東印度布魯島上的居民，曾經受到大羣鱷魚的襲擊，因此祭祀鱷魚爲水神，也是以村中的女子投入河中作爲水神鱷魚的妻子。❷

在世界各地的神話中，水神經常是住在海中、湖中或河流中的魚、蛇，或者是由魚蛇所變形的龍神。人類對他們所信奉的水神，通常具征伐與獻犧兩種心態，許多創世神話中所常見的英雄斬蛟龍或巨蛇等類型的故事，隱喻著古代民族對水的治理和掌握，是透過人類對水神的殺伐而取得再生的契機。作爲水神的蛇魚蛟龍，通常在神話中是破壞和死亡的象徵。獻犧是爲了祈求安寧，由此而有許多例行的水神祭祀儀禮。

由以上各民族的水神信仰與祭祀的例子，我們不能不想到，中國古代的水神，特別是黃河的遠古水神，又是怎樣的一個形象呢？

一九五四年秋天，西安北方半坡遺址的發現，爲我們提供了中國古代最早的河神形象，在爲數極多的出土彩陶中，其中的人面魚身的彩陶缽，很可能就是中國最早的夏系文化中河神的原象。夏民族源於黃河中游，向西沿渭水而至甘肅的洮河流域，向東沿黃河而至山東境內，是東西距離極長的一個以彩陶土器爲主的文化圈。夏系民族也是最早在黃河上築堤成功的民族，《國語》書上說鯀是「始作城者」，即是這種築堤防水的歷史反映。夏系文化的彩陶，是在赤褐色的土質上描繪著黑色彩飾的土器，仰韶和半坡都是彩陶文化代表的遺址。我們從夏系民族的始祖神話，知道夏民族所祭祀的始祖全是具有水神性格的水神。

《史記・夏本紀》所見的夏民族系譜是：

夏禹，名曰文命，禹之父曰鯀，鯀之父曰顓頊，顓頊之父曰昌意，昌意之父曰黃帝，禹者，黃帝之玄孫而帝顓頊之孫也。

由此，我們可以知道夏系始祖系譜的構成是：

黃帝—昌意—顓頊—鯀—禹

這樣的夏系始祖系譜也分別載於其他各書，如《大戴禮・帝繫五帝德》與此系統相同。《古本竹書紀年》也說：「顓頊產伯鯀，是維若陽，居天穆之陽也。」《墨子・尚賢》說：「昔者伯鯀，帝之元子。」元子是長子，帝是指黑帝顓頊。

我們檢討各書對夏系始祖神顓頊、伯鯀和大禹的記載，發現這些祖神的本體，都是魚蛇之形的水神。《山海經・大荒四經》所見的顓頊是：

有互人之國……有魚偏枯，名曰魚婦，顓頊死即復蘇，風道北來，天乃大水泉，蛇乃化為魚，是為魚婦……。

〈海內南經〉：

> 氐人國在建木西，其為人，人面而魚身，無足。（懿行案，《山海經箋疏》郝氏遺書：互人國即海內南經氐人國也，氐、互蓋以形近而譌。）

顓頊所居之地，其人是人面魚身而無足，也就是些具有人的面孔而沒有腳的魚類水族，顓頊本身又是能夠死即復蘇的偏枯之魚，這種名曰魚婦的魚是在大風北來的大水泉之中由蛇變形而化的魚，偏枯魚的原始是蛇，「死即復蘇」是指死去的蛇經過變形而成爲再生的魚。

顓頊的兒子伯鯀，名字的原義是「大魚」的意思。鯀，也即是《莊子・逍遙遊》所見的北冥巨魚鯤，王念孫〈釋大〉說：

> 大魚謂之鰥。鰥、鯤、鯀聲義相近，故大魚謂之鯀，亦謂之鯤，亦謂之鰥。

因爲鯀鯤聲義相近，所以《詩經・商頌・長發》說鯀在夏時是被稱爲「昆吾」的諸侯。鯀死後其神所化入於羽淵的「黃龍」，應該也是能夠入水的魚類動物。「羽淵」是「乃執照無有及也」（《墨子・尚賢》）的經年不見日的幽冥之處，也是日落的冥海。

相傳在羽山有鯀廟，把鯀當做黃河的九神而定期舉行祭祀，晉代王嘉《拾遺記・夏禹》條載：

> 堯命夏鯀治水，九載無績，鯀自沉於羽淵，化為玄魚，時揚鬚振鱗橫波之上，見者謂之河精，羽淵與河海通源也，海民於羽山之中，修立鯀廟，四時以致祭祀，常見玄魚與蛟龍跳躍而出，觀者而畏矣。

揚鬚、振鱗於橫波之上的玄魚是鯀的本體，這種玄魚（鯀）是被作爲河精（水神）而祭祀的對象。

河精（水神）也曾出現在大禹治水的故事裏，《緯書・尚書中侯》說：「伯禹曰，臣觀河伯，面長，人首魚身，出曰，吾河精也。」如果把這條記載和《拾遺記》鯀是玄魚，亦即河精並看，那麼似乎我們可以說黃河的水神河伯即河精，是一種本體爲魚，然後轉化而爲半人半魚的水神。夏民族所祭祀的河神，也即是他們的祖神伯鯀。正因爲水神河伯是大禹的父親伯鯀死後所化，所以《尸子》輯本卷上我們看到河伯曾經賜給大禹治水的地圖，然後返身入淵的故事：

> 禹理水，觀於河，見白面長人魚身，出曰吾河精也，授禹河圖，而還於淵中。

鯀死後而生聖王大禹也是衆所周知的古代神話，《山海經・海內經》載：

> 洪水滔天，鯀竊帝之息壤以堙洪水，不得帝命，帝令祝融殺鯀於羽郊，鯀復生禹，帝乃命禹率布土以定九州。

「鯀復生禹」的神話也卽是《楚辭・天問》所見的：「永遏在羽山，夫何三年不施？伯鯀腹禹，夫何以變化？」的疑問，〈海內經〉引《歸藏・啓筮篇》說「鯀死三歲不腐，剖之以吳刀，化爲黃龍。」《初學記》引《歸藏》說：「大副之吳刀，是用出禹。」關於禹的名字，楊寬先生認爲：「禹，從九從虫，九蟲，實卽句龍，糾龍也。」（《上古史導論》）[3]。我們認爲，禹的本體是龍的說法，是把原爲魚蛇之屬的水生動物，當做支配河流的水神，加以神聖化而成立的，龍的原始也是支配雨水和河流的水神。

龍、蛇和魚，都是原始的水神，其間的變化或轉化的關係，除了前引伯鯀的父親顓頊是「風道北來，天乃大水泉，蛇乃化爲魚」的變形例子以外，其他的書中也常見蛇化魚或魚化龍的例子，如《山海經・海內南經》見有：

> 南山在其東南，自此山來，蟲為蛇，蛇號為魚。

《說苑・正諫》：

> 昔日龍下清冷之淵，化為魚。

「白龍下清冷之淵」，類似《說文》：「龍春分登天，秋分而潛淵。」說明著化魚的龍是與行雲布雨有關的，俗云黃河之鯉，躍過龍門，則化爲龍，也可見龍與魚是可以相互轉化的水生動物。

龍體之神的大禹，在許多古籍中依然保存了許多奇形怪狀的記載，《列子・楊朱篇》說：「大禹，身體偏枯。」《荀子・非相篇》又說：「禹跳。」我們必須想到的是，在系譜上作爲大禹祖父的顓頊，正是「有魚偏枯，顓頊死卽復蘇，蛇乃化爲魚」的偏枯之魚，而禹的父親伯鯀則是其大不知幾千里的北冥之鯤，也是能夠化爲黃龍或巨鵬的魚，旣然父祖的本體皆是魚蛇之類，那麼被神聖化爲龍體的大禹，保持著「偏枯」和「跳」的神容和性格，也就不是什麼不能理解的事了。

夏民族是以黃河支流伊、洛、潙、汭之水爲中心而四下移動的民族[4]，傅斯年的〈夷夏東西說〉，推論夏民族活動的地區是在汾水流域的山西南半和伊水流域的河南中南部，以及渭水下游的陝西之一部。這個區域正是仰韶文化彩陶出土的地方，我們在西安半坡所見的魚紋彩陶和陝西臨潼、姜寨出土的彩陶魚及人面缽，都明顯地見有偏枯之人面魚或人面魚身的圖像，我們認爲這種偏枯人面魚，就是古代活動於這一帶的夏民族所信奉的水神。而帝王系譜所見的夏民族所信奉的祖神顓頊、伯鯀和大禹，也都是具有魚蛇或龍的水神性格和神容，這個帝王世系，是古代夏民族以自己所信奉的水神爲祖神而成立的一個系譜。

三、河神祭祀

沿著黃河向西發展的殷民族，當他們進出到伊水、洛水附近的時候，與原來支配伊洛和黃河之水的夏民族發生必然的衝突，殷夏的戰爭，卽是爲了爭奪黃河及其支流的祭祀權，也就是河流的支配權利。白川靜先生認爲，當時散布在黃河及其支流各水的民族，各有各自的洪水神話與祭祀的水神及各別的祭河儀式，前章所述的夏民族的祖神顓頊和鯀禹，羌族所信仰的水神共工，姬姓氏族（周民族）的祖神黃帝等神，都是當時各族所祭祀的水神。

《竹書紀年》上載：「洛伯用與河伯馮夷鬪。」洛伯用是洛水之神，他和黃河的水神馮夷爭鬪的神話，除了是源自古代洛水與黃河混流的事實之外，也反映了古代洛水一帶的部族與黃河一帶部族之間的爭鬪歷史。《楚辭・天問》所見的：「帝降夷羿，革孽夏民，胡射夫河伯而妻彼雒嬪？」可能反映的是夷系的后羿，率衆向西推進，奪取了洛水的支配權而直逼黃河的事。❺

《卜辭》稱河爲「高祖河」，是殷人把黃河當成自己的祖神而祀的例子。古代祭河，以牛以馬，以圭璧玉器或以女子爲祭祀河神的犧牲。殷人祭河多半是爲了祈雨和豐年，祭儀中所用的祭品，以牛爲多，有時多到一次用五十頭牛爲犧牲，《卜辭》所見的「沉十牛」「沉五牛」等祭河儀禮，「沉」字卽表示以牛投河，流於水中之形❻。《史記・封禪書》：「牲牛犢牛。」是說以小牛犢作爲祭河的犧牲，《漢書・王尊傳》載東郡太守王尊率民沉白馬於河。《史記・秦本紀》載秦二世以白馬四頭祭涇水之神等，可見以牛馬爲犧牲的祭河儀禮是一直流傳下來的。之所以用牛馬祭河，應該是源於牛馬、農耕與水三者的相互關係，這樣的祭儀，也廣泛地流布世界其他各民族之間。❼

周制「望祭西瀆於西郊」，把河神與五嶽並列爲最高的神，秦併天下以後也命有專門司祭祀名川大河的官，自華山以西曰河，在臨晉之地設祀以祭❽。《穆天子傳》載：「天子西征，至陽紆之山，河伯馮夷之所都居，是惟河宗氏，天子乃沉珪璧禮焉……。」晉文公投璧祭河（《左傳》僖公二十四年）。澹臺子明渡河，河伯要搶他的千金之璧，子羽「左摻璧，右操劍，擊蛇皆死，即渡，三投璧于河伯，河伯躍而歸之，子羽毀璧而去。」（《博物志校正》卷七）。秦始皇將亡，江神素車白馬，在華陰返還了始皇帝二十八年渡河時所沉之璧（《水經注》卷十九）。這些都是以珪璧玉器爲祭河禮品的例子，以玉祭河，應該是源於古代中國人對玉器的信仰，玉在古代信仰中是服之可以不死的仙藥❾，黃帝就是因爲服食峚山之玉，所以能夠登龍昇天，玉也是天地鬼神的食物，所以用來作爲祭祀山川神鬼的祭品。《山海經・南山經》載：

> 峚山，其中多白玉，是有玉膏，其原沸沸湯湯，黃帝是食是饗，是生玄玉，玉膏所出，以灌丹木，五色乃清，五味乃馨，黃帝乃取峚山之玉榮，而投之鍾山之陽，瑾瑜

之玉為良，堅栗精密，濁黑而有光，五色發作，以和柔剛，天地鬼神，是食是饗，君子服之，以御不祥。

除了上述以牛馬，以珪璧祭祀河神之外，以人爲殉河祭品的事在中國也是自古流傳的。《史記・六國年表》說秦靈公八年「初以君主妻河」，《索隱》曰：「謂初以年取他女爲君主，君主猶公主也，妻河，謂嫁之河伯，故魏俗猶爲河伯娶婦……。」其實，以人祭河的習俗不是自秦開始，早在殷商時代，《卜辭》中已經有獻女子爲河神妻的例子，以人妻河應該是自古而有的一種巫術信仰。《漢書・王導傳》說太守王導沉白馬圭璧祭河，使巫策祝，請以身塡金堤，王導以身塡河，水乃止，死後民爲立河侯祠祀之。唐代郭子儀鎭河中日，河甚爲患，子儀禱河神曰：「水患止，當以女奉妻。」已而河復故道，其女一日無疾而卒，子儀以其骨塑之于廟[10]。這些都是用人祭河的遺風。

經過一定的巫術儀禮，把處女投入河中作爲獻給水神的妻子，這樣的巫術信仰是世界許多民族都有的。古代的許多民族相信如果不定期的獻女子給河中的魚蛇之類的水神，水神就會發動水災毀滅居民，或是讓水泉乾涸，斷絕人類的飲水。東非的阿基庫人每年投村中少女數人於河中，巫者命令村人在河邊蓋起小屋，由他代替河神與這些少女完婚。馬爾代夫羣島的居民每月把少女獨自留在海邊的神殿作爲獻給水怪的妻子，第二天早晨去看時，少女已失去童貞死在殿內。東印度布魯島上的居民強迫被選爲祭品的少女的父親，爲女兒穿上新娘的衣服，送入河中餵那些被他們當做水神的鱷魚[21]，此類比比可見於各民族的同類型巫術祭儀，都如同中國以女子妻河的「河伯娶婦」的故事。

《史記・滑稽列傳》：「魏文侯時，西門豹爲鄴令，豹往到鄴，會長老，問之民所疾苦，長老曰：苦爲河伯娶婦，以故貧。」當時巫師勾結豪紳，賦斂百姓，每年用二三十萬費用爲河伯娶妻，巫師把強行聘取的女子放在河邊的齋宮（神殿），「嫁女東席，令女居其上，浮之河中，始浮，行數十里乃沒……。」

《水經注》卷十所見的河伯娶妻與西門豹斷絕淫祀的故事是：

> 戰國之世，俗巫為河伯取婦，祭于此陌。魏文侯時，西門豹為鄴令，約諸三老曰：「為河伯娶婦，幸來告知，吾欲送女。」皆曰：「諾」。至時，三老廷掾，賦斂百姓，取錢百萬。巫覡行里中有好女者，祝當為河伯婦，以錢三萬聘女，沐浴脂粉如嫁狀。豹往會之。三老巫掾與民咸集赴觀，巫嫗年七十，從十女弟子。豹呼婦視之，以為非妙，令巫嫗入報河伯，投巫于河中。有頃曰：「何久也？」又令三弟子及三老入白，竝投于河。豹磬折曰：「三老不來，奈何？」復欲使廷掾豪長趣之，皆叩頭流血，乞不為河伯娶婦。淫祀雖斷，地留祭陌之稱焉。

同書卷三十三載秦代成都兩江一帶所發生的「河伯娶妻」的故事：

《風俗通》曰：「秦昭王使李冰為蜀守，開成都兩江，溉田萬頃，江神歲娶童女二人為婦。冰以其女以神為婚，徑至神祠，勸神酒，酒杯恆澹澹。冰厲聲以責之，因忽不見。良久，有兩牛鬬于江岸旁，有閒冰還，流汗謂官屬曰：『吾鬬大亟，當相助也，南向腰中正白者，我綬也。』主簿刺殺北面者，江神遂死。蜀人慕其氣決，凡壯健者因名冰兒也。」

「江神歲娶童女二人爲婦」，說明古代中國不僅以女子祭祀黃河等水，連西南地區的長江諸水也存在著同樣的習俗，李冰與江神鬪以及斬江神，雖然在內容上與西門豹投巫於河不同，但都是對遠古相傳的惡俗提出反抗，兩者都是典型的河伯娶妻故事的例子。

關於黃河的河神，最詳盡的敍述自然是衆所周知的《楚辭・九歌》中所見的「河伯」，對於〈九歌〉河伯一章，歷來衆說紛紛，或說是三閭大夫屈原自嘆君恩之薄[12]，或說是屈原自殺之意已決，故而自傷[13]，最通行而又被衆多學者所接受的是把「河伯」看做是祭祀水神河伯的宗教歌舞，原是楚地民間的口頭創作，經屈原寫定或改定[14]。《楚辭・九歌》所見的河伯是：

①與女遊兮九河，　②衝風起兮橫波。

③乘水車兮荷蓋，
④駕兩龍兮驂螭。
⑤登崑崙兮四望，
⑥心飛揚兮浩蕩。
⑦日將暮兮悵忘歸，
⑧惟極浦兮寤懷。
⑨魚鱗屋兮龍堂，
⑩紫貝闕兮朱宮。
⑪靈何為兮水中？
⑫乘白黿兮逐文魚，
⑬與女遊兮河之渚，
⑭流澌紛兮將來下。
⑮子交手兮東行，
⑯送美人兮南浦。
⑰波滔滔兮來迎，
⑱魚鄰鄰兮媵余。

〈九歌〉「河伯」到底何指，其關鍵問題是在文中的「女」、「子」、「靈」、「美人」等稱呼到底是指誰？歷來的解說多謂這些稱呼字是水神河伯的自稱，「美人」也是河伯自稱或屈原自喻。關於環繞「河伯」一章的諸問題，我們將留待別稿另行討論，此處僅就前述中國古代女子祭水神的前提，提出〈九歌〉「河伯」是歌詠「河伯娶妻」的巫術祭儀。

我們認爲此章從①到⑧，是河伯自述，其中的「女」是指河伯將要迎娶的妻子。從⑨到最後的⑱，是將被投於水中而爲河伯之妻的女子所唱，其中「靈」「女」「子」都是指河伯，「美人」則是女子自稱，這兩段歌很可能是由男巫（河伯）與女巫（獻河伯的女子）對唱的祭祀之歌。

河伯乘風破浪，駕著荷蓋水車前來娶妻，並且告訴他要娶回的妻子說要帶著她游九河以及逆流而上黃河的源頭，也即是河伯故鄉的崑崙。

將要入水遠嫁的妻子則回答說，雖然你（河伯）所居的是豪華的龍宮，可是河伯（靈），你爲什麼是住在水中而不是像我們一樣住在陸地上呢？我將跟隨著你（第⑬的女），乘白龍逐文魚以游河渚，可是流水急驟而下，我將如何？你（⑮的女）即將帶著我入水東行，他們（羣巫及司祭的地方長官等）也就要在南浦把我投入水中，迎接我的是滔滔的波浪和成羣連串的魚羣。

我們認爲《楚辭・九歌》河伯，反映著古代楚地以女子爲犧牲祭河神的巫俗，也是一個典型的「河伯娶妻」的故事。

四、河神原象

黃河水神「河伯」，他的名字叫馮夷，又叫冰夷，《莊子・大宗師》說：「夫道可傳而不可受，可得而不可見……馮夷得之，以遊大川。」司馬彪注「馮夷」說：「馮夷，華陰潼鄉隄首人，服八石得水仙，是爲河伯。」《韓非子・內儲說》載：「齊人有謂齊王曰，河伯，大神也，臣請使王遇之……乃有壇場大水之上，有間，大魚動，因曰此河伯也。」《抱朴子》的河伯是：「馮夷以八月上庚日溺河死，天帝署爲河伯。」又曰：「庚日有人自稱河伯者，魚也。」《博物志》所見的河伯是華陰潼鄉之人，「長人魚身」。《歷代神仙通鑑》所見的河伯馮夷是：「人面蛇身。」（卷二），《酉陽雜俎》的河伯名字是馮循、馮修、馮遲、呂夷、無夷、水夷、馮夷，其神容是：「乘雨龍，人面魚身。」

綜合以上的資料，可得到的結論是：

1. 河伯馮夷是華陰潼鄉人，是溺水而死的人，死後成神。
2. 河伯是人，服藥成仙或修行得道而成爲水神。
3. 河伯的長相是長人魚身或人面魚身，或是人面蛇身的蛇魚之類。

河伯的故鄉華陰潼鄉，是在陝西潼關一帶，此處正是黃河屈曲廻流的地域，也是古來經常氾濫成災的洪水之地，自古以來此處設祠以祭黃河水神，或許是基於這種原因，而產生了河伯以潼鄉爲故鄉的說法。《博物志》說河伯馮夷「得仙道化爲河伯，其行恍惚，萬里爲空。」也應該是指這一帶的黃河，河道不定，氾濫之時，周邊之地盡化爲水鄉澤國的古黃河地理上的事實。我們從以上的結論中，淸楚可見河伯雖然仍然保持著人面魚身或蛇身，或魚或蛇的原始神話的長相以外，已經是逐漸被人格化而隨著仙道思想的流行，轉化爲服藥得道的神仙。

在《山海經》中，河伯馮夷又名冰夷，是居住在：「從極之淵，深三百仞，維冰夷都焉，冰夷人面，乘雨龍。」（〈海內北經〉），《淮南子》的馮夷是：「乘雲車，入雲悅，遊微霧，經霜雪而無迹，日所照而無景，上崑崙而入天門……」（〈原道訓〉），《晏子春秋》說景公想祭祀河伯以禱雨，晏子告訴他水神河伯是：「以水爲國，以魚鼈爲民。」這些資料較之前述馮夷水死而得道成仙的說法更接近水神河伯的原象，而且與《楚辭・九歌》所見的「駕雨龍兮驂螭，登崑崙兮四望，心飛揚兮浩蕩……」的河伯，也幾乎是一致的。河神冰夷的深三百仞的無極之淵或許即是水神伯鯀所入的羽淵。冰夷之都，也即〈九歌〉河伯的「魚鱗屋兮龍堂，紫貝闕兮朱宮。」的水底之都。河伯喜歡駕龍車而遠遊，是源於黃河之水，聲勢浩大而又經常改道或氾濫的事實，河伯能夠上崑崙而入天門，則是源於古代人以崑崙爲黃河之源及西方仙鄉的信仰[15]。值得注意的是，不論是「冰夷人面」或「人面魚（蛇）身」的馮夷，他們都保持著半人半獸的神容，如同早期「豹尾虎齒，披髮戴勝」的西王母[16]，尚未完全的人格化而成爲人的相貌。《楚辭・天問》中出現的那個被后羿射傷的河伯，也依然保持著時爲蟲獸、時爲白龍又時而爲人的半人半獸、神人同體的神話形貌。[17]

《穆天子傳》中所出現的河伯的形象是：

天子西征，至陽紆之山，河伯馮夷之所都居，是惟河宗氏，河宗柏夭迎天子燕然之山，天子乃沉珪璧禮焉，河伯乃與天子披圖視典，以觀天子之寶器，玉果、璇珠、燭銀、金膏等物，皆河圖所載，河伯以禮穆王，視圖方乃導以西邁矣。

能夠和穆天子「披圖視典」，而且能提供穆天子西行的地圖的河伯，或許是已經人格化而具有人的相貌了。至於司馬相如〈大人賦〉所見的：「靈媧鼓瑟，馮夷起舞。」曹植〈洛神賦〉：「馮夷鳴鼓，女媧淸歌。」《楚辭・遠遊》：「使湘靈鼓瑟兮，令海若舞馮夷。」郭璞〈江賦〉：「冰夷倚浪以傲睨，江妃含嚬而聯眇。」這些書中所出現的河伯，已是能歌善舞並和其他水神女媧、湘靈、洛妃等並稱，可見這時的黃河之神在人們的觀念中已是個長袖善舞而且以其他水神爲妻的男子，而不再是人面魚身的怪物。

至於《搜神記》中那個大設酒筵以謝胡母班爲他傳書的河伯，則是「年三十許，顏色如畫，侍衞繁多……」的美男子，《神異經》的河伯又是：「西海水上，有人乘白馬，朱鬣、白衣白冠，從十二童子，馳馬西海水上，名曰河伯使者，時或上岸，馬跡所及，水至其處，所之之國，雨水滂沱，暮則還河……」此處的河伯，儼然有如叱咤風雲的戰將。

由以上的論述，我們知道黃河的水神河伯，早期是「人首魚身」的半人半魚的神容，後來演變爲時而爲人、時而爲白龍與蟲獸的人神同體之神，然後又逐漸演化而爲白衣白馬的人格化的神人以及服石得道的神仙。

那麼，半人半魚之前的河神，其始原又是什麼呢？

我們認爲河伯馮夷的神名，是由《山海經》所見的一種被當做水神的怪魚蒲夷而形成的名字：

①碣石之山，繩水出焉，而東流注于河；其中多蒲夷之魚。〈北山經〉

②英鞮之山……涴水出焉，而北注于陵羊之澤。是多冉遺之魚，魚身蛇首六足，其目如馬耳，食之使人不眯，可以禦凶。〈西山經〉

郝懿行注：案《太平御覽》引此經作無遺之魚。疑卽蒲夷之魚也。見北次三經碣石之山下。蒲、無，聲相近。夷、遺，聲同。《山海經箋疏》

錢侗曰：經文冉字疑毋字，傳寫之譌。《訂譌》

據森安太郎先生的考證，蒲夷、冉遺、毋遺這些怪魚的名稱，在語音上都是互通的⑱，毋遺也卽水神馮夷的別名無夷，馮夷的名字是由蒲夷音轉而形成的。「魚身蛇首」的蒲夷之魚，應該在河伯馮夷之前，就被作爲水神而信仰著，這種魚身蛇首六足的怪魚，具有魚和蛇的雙重水神的原始形象，可能就是古代所信仰的原始水神。《山海經》中我們見有另外名叫天吳的水神，也被稱爲水伯；「朝陽之谷，有神曰天吳，是爲水伯，其爲獸也，人面八首八足，皆青黃。」《博物志》說：「水神曰天吳，人面，八首八足，亦曰河伯。」這個名叫天吳的河伯或許未必就是河伯馮夷，但其八首八足類似魚身蛇首六足的蒲夷之魚，這類怪魚被古代人視爲水神而信仰著，則是一致的。在語音上與「馮夷」「蒲夷」相通的，另外有一種叫「肥遺」的水中之蛇，肥遺之蛇亦卽蒲夷之魚，也卽馮夷的原象：⑲

①彭魮之山……肥水出焉，而南流注于床水，其中多肥遺之蛇。〈北山經〉A

②渾夕之山……嚻水出焉，而西北流注于海。有蛇一首兩身，名曰肥遺，見則其國大旱。〈北山經〉B

③太華山……鳥獸莫居。有蛇名曰肥遺，六足四翼，見則天下大旱。〈西山經〉

「見則天下大旱」，是說這種被視爲水神的魚蛇，是棲息在深不可測的水底深淵，不待河水乾涸，則不可得而見之，等到肥遺之魚蛇能夠被人看到的時候，自然也就是黃河水涸，天下大旱的時候。《說林訓》載：「鳥有沸波者，河伯爲之不潮，畏其誠也。」高誘注：「鳥，大鵬也，翱翔水上，扇魚令出，沸波攫而食之，故河伯深藏于淵……。」可見古代人相信的水神是深棲在水中深淵的魚蛇之類，由此人格化之後的河伯之都，是在深三百仞的從極之淵。我們從古代人所信仰的原始水神是魚蛇同體的形象，回溯前章夏系民族的祖神（水神）是「蛇乃化爲魚，是爲魚婦」的魚蛇同體的顓頊，或「化爲玄魚，入於羽淵」的伯緜，或其體「偏枯」的大禹等神奇古怪的神容，也就比較容易理解了。

古代人最初信仰的神，是他們生活周邊的敬畏或具有實益的動植物和自然現象，其後隨著自覺意識的提高，人們所祭的神也逐漸由完全的動植物等轉化爲半人半獸的神，而當人文的意識更高之後，半人半獸或神人同體的神逐漸消失了他們的獸性或神性，而演變爲人類化的英雄或神仙。神話中諸神，由動物而半人半獸而完全人類化的過程，亦卽是古代人類由原始意味而邁向人文文明的不同階段。我們認爲黃河的水神，是由完全的魚蛇之形的水中動物而演變爲半人半獸的水神河伯，水神河伯的本身，也隨著時代的演變而逐漸有各種形象和性格上的變化。

五、龍蛇混雜——近世以降的黃河水神

民國以前，中國歷代皇帝都有祭河和封河的儀典，夏系民族以所祭祀的水神爲自己的祖神；殷系民族把河與高祖並稱爲高祖河；周系民族以河爲四瀆（江、河、淮、濟）之長，爲神之至尊者；秦併天下，始皇帝令祠官祭河；……唐玄宗祠河，封河神爲靈源公；唐代以前是以公侯詔封河神，之後則以王爵封河。宋仁宗勅祭河，封河神爲顯聖靈源王；元世祖定四瀆祭所，遣使祀河，封河爲靈源弘濟王；明太祖取消河神的王號，稱河爲四瀆大河之神；清

順治封河爲顯佑通濟金龍四大王之神。歷代皇帝對河神的詔封，是在原來的封號上再加上新號，這種封上加封有如越滾越大的雪球，加到清末的光緒皇帝時，黃河水神已經是：「靈佑襄濟顯惠贊順護國普利昭應孚澤綏靖普化宣仁保民誠感黃大王」的長達二十九個字的封號。

在歷代皇帝不斷的祭祀和加封之下，黃河之神卻正如黃河的流水，並沒有停止它本身的流動和變化。河神從遠古的魚蛇之類動物發展爲神人同體的河伯，再發展而爲服藥成仙的神仙，河伯馮夷，其名字到了唐宋之後，逐漸不傳，河神的地位被新起的龍王取代。宋趙彥衛《雲麓漫鈔》載：

古祭水神曰河伯，自釋氏書入，中土有龍王之說，而河伯無聞矣。

宋眞宗天禧四年，勅令祭河，「增龍神及尾宿諸星在天河之內」，可能是龍王正式被祀爲河神的開始。從此以後，江河湖泊，凡有水處，皆歸龍神或龍王支配，而龍王的族類也越來越多，如諸天龍王、四海龍王、五方龍王……，宋太祖承繼唐代祭五龍之制，建五龍祠。徽宗大觀二年，皇帝下詔天下，大封羣龍爲王，封青龍爲廣仁王、赤龍爲嘉澤王、黃龍爲孚應王、白龍爲義濟王、黑龍爲靈澤王……幾乎是只要有水的地方，就有龍王和龍王廟，在這樣龍王擡頭的環境之下，原來的水神河伯馮夷，只有讓位。

近世宋代以後，黃河的水神，也呈現著羣龍割據的局面，龍神衆多，其中最有代表性的河神，應該是金龍四大王和黃大王。這些大王或將軍，幾乎全是人鬼，是死後被封而爲神的，如金龍四大王，姓謝名緒，因爲排行第四，所以被封爲「四大王」；黃大王名守才，字英杰，可能因爲姓黃，所以也被封爲黃河之神；王將軍名仁福，字竹林，江蘇吳縣人，清同治六年署理祥河同知，搶掃落水，身故……這些人或因治河有成，或因治河身亡，死後都被封爲黃河之神。

金龍四大王謝緒，因爲他曾經助朱元璋退元兵，有功而被封，《古今圖書集成・神異典》⑳：

明太祖取杭州……見金甲神人，空中躍馬橫槊擒賊，衆大潰。成祖議海道不便，復修漕運，凡河流淤壅，力能開之，舟將覆溺，力能拯之，神之顯于黃河特甚。嘉靖中，奉敕建廟魚合縣。隆慶中，遣兵部侍郎萬恭致祭，封金龍四大王。（卷二十七）

謝緒之所以爲河神，是天帝所命，天帝並且命他助朱元璋退元兵，這樣的人造神話的背後，隱含著天要亡元興明，朱元璋承天應命而爲明王的政治宣傳意識。

至於另一位河神黃大王，《癸巳存稿》卷十三有〈黃大王傳〉，全文甚長，不引。另外較簡略的大王傳奇見於《池北偶談》：

黃大王者，河南某縣人，生為河神，有妻子，每瞑目久之，醒輒云，適至某地，踢幾船，好事者以其時訪之，果有覆舟者，皆不爽。李自成灌大梁使人刼之往。初決河水，輒他泛溢，不入汴城；自成怒，欲殺之，水乃大入。始，賊未攻汴，一日，黄對客慘沮不樂；問之，曰：「賊將借吾水灌汴京，奈何？」未幾，自成使果至。黄至順治中尚在。

但是，死去的謝緒和黃守才等人，雖然成了金龍四大王或黃大王之類的河神，人們畢竟不能得而見之，被視爲能夠興雲致雨的羣龍，又是一種活在人們想像觀念之中的神秘存在，也不能落實在現實生活之中。於是黃河一帶的居民，又回到遠古以來的古老水神信仰上，把對河神的祭祀和信仰，落實在他們能夠看得見的水蛇身上，水中和岸邊各種不同的怪蛇，成爲金龍或大王等水神的化身，正如同我們前述所見的那些水神河伯是以魚蛇爲其本體一樣，黃芝崗先生《中國的水神》說㉑：

大王、將軍都是蛇：正確一點說，法身都是蛇形，蛇也像平常的蛇；但蛇身是金色的，蛇頭是方形的。這些蛇，被堤工和船戶們發現了，他們說，這是什麼大王，什麼將軍。官便虔備一隻盤子，由廟祝大王、將軍的名號祝這蛇登盤子了。祝的是黃大王，蛇不登盤，那便是栗大王；祝的是栗大王，蛇不登盤，那便是王將軍。

以蛇爲水神的例子，全世界各地都有，此處僅列兩則簡單的記事，說明除了黃河之外，其他各水也是以蛇爲水神的事實，《夢溪筆談》載有宋代彭蠡小龍的故事：

> 熙寧中，王師南征，有軍杖數十船，泛江而南，自離真州，卽有小蛇登船；船師識之曰：「此彭蠡小龍也。當是來護軍杖耳。」
>
> 主典者以潔器薦之；蛇伏其中。船乘便風，日棹數百里，未嘗有波濤之恐。不日至洞庭，乃蛇附一商人船歸南康，世傳其封域止於洞庭，未嘗踰洞庭而南也。
>
> 有司以狀奏聞。詔封神為順濟王；遣禮官林希致詔。
>
> 子中（林希字）至祠下，焚香畢，空中忽有蛇墜祝肩上，祝曰：「龍君至矣。」其重一臂不能勝。徐至几案間；首如龜，不類蛇首也。

宋代周煇的《清波雜誌》所記小孤山的水神是[22]：

> 煇至小孤山，見旛脚及花瓶中，小青蛇盤結舉首蜿蜒者甚多；祝者云：「神今日在廟歆享而然。」

黃河一帶的民衆，如果在河邊某處遇到了「大王」或是「將軍」，必須報告地方長官，地方官帶著巫師親往迎接，接大王的方法是一面唱著祝辭把蛇放在一個盤子中，然後放進轎子裏擡入廟中供奉。每年祭祀河神的時候，都必須演戲酬神，因爲大王和將軍是喜歡看戲的，廟祝拿著戲單放在蛇前，蛇首點到哪個戲名，演員就唱那個戲，這就是「河神點戲」。[23]

遠古時代的黃河水神是一種魚蛇之類的水生動物，後來被神秘化和神聖化而成爲龍，神話中的原始水神，即是魚蛇及龍的混合，中國民族的信仰和祭祀了幾千年的黃河之神，不論是龍君或龍王，巨龍的原始其實也不過是一條小蛇而已。

附記：

1. 本文在學會發表後，承蒙文化大學林鋒雄教授惠寄論文兩篇，一、那志良先生〈周禮考工記玉人新注〉（「大陸雜誌」三九卷一期），二、林鋒雄先生〈中國遠古儀式劇場管窺〉（「華岡藝術學報」第三期），對於拙文所論古代以圭璧玉器祭祀河神及西安半坡人面魚紋彩陶缽部分，頗具參考和補充的價值，致謝。
2. 文中引用書名及注釋，若干地方蒙柳存仁教授指正，致謝。

【註】

❶ 蘇雪林《屈原與九歌——屈賦新探之一》，頁二一三—二一四，臺北廣東出版社，一九七三。

❷ J. G. Frazer《金枝》第十二章〈神的婚姻〉，徐育新譯，北京民間文藝出版社，一九八七。

❸ 另外崔適的《史記探原》夏禹條也說：「禹之本義為蟲，猶鯀之本義為魚。」

❹ 《逸周書・夏邑篇》：「自洛汭遷至于伊洛，居易無周，其有夏之居。」《國語・周語》：「昔伊洛竭而夏亡。」

❺ 白川靜《中國神話》，王孝廉中文譯本，頁一〇〇，臺北長安出版社，一九八三。關於水神的祭祀，白川先生說：

河伯的祭祀原先好像是一個擁有特定傳承的氏族的一種特權，被視為能夠支配自然節奏的特定山川的信仰和祭祀。經常是和一個特定的氏族結合在一起，這些掌山川信仰與祭祀的特定氏族卽是所謂的神聖氏族。比如《卜辭》所見的河宗氏等，原先就是這種祭祀權的掌握者。所以，如果要取得這種特定山川的祭祀權並支配其土地，就得先征服且支配這些神聖氏族。最早進行這種爭奪戰爭的，就是東夷的有窮后羿。

❻ 白川靜，前引書，頁一〇五—一〇六。

❼ 石田英一郎《新版河童駒引考》，東京大學出版會，一九七五。書中第一章是〈馬與水神〉，第二章〈牛與水神〉，列舉了世界各地的牛馬與水與農耕的祭祀和信仰。

❽ 《史記・封禪書》。

⑨ 《博物志》：「名山大川，孔穴相向，和氣所生，則生玉膏，食之不死。」

⑩ 《古今圖書集成・神異典》，卷四七。又《師友談記》宋、李廌……（《叢書集成》）。

⑪ 同❷。

⑫ 朱熹《楚辭集注》，胡文英《屈賦指掌》等。

⑬ 戴震《屈原賦注》，譚介甫《屈賦新編》等。

⑭ 王夫之《楚辭通釋》謂「河伯」一章是民間對黃河之神「相蒙潛原，遙望而祀之」的祭河神之歌，胡適等人提出「河伯」是祭祀河神的宗教歌舞後，陸侃如、游國恩、聞一多諸氏都有相同的主張，此外張壽平《九歌研究》，聶石樵《楚辭新解》，繆天華《離騷九歌九章注釋》，程物哲《九歌新注》等，以及日本學者竹治貞夫《楚辭研究》，赤塚忠《楚辭研究》，白川靜《中國古代文學》等，也都有基於此「祭祀歌舞」的觀點而做的研究。

⑮ 拙稿〈仙鄉傳說——仙山與歸墟的信仰〉，《中國的神話世界》上冊，頁五二九——五六〇，臺北時報文化出版公司，一九八七。

⑯ 《山海經・西山經、西次三經》。

⑰《楚辭・天問》：「帝降夷羿，革孽夏民，胡䠶夫河伯而妻彼雒嬪。」王逸注：「傳曰：河伯化為白龍，遊于水旁，羿見射之，眇其左目，河伯上述天帝曰：『為我殺羿。』天帝曰：『爾何故得見射？』河伯曰：『我時化為白龍出遊。』天帝曰：『使汝守神靈，羿何從得犯汝，今為蟲獸，為人所射，固其宜也，羿何罪歟？』」

⑱森安太郎《黃帝的傳說》，王孝廉中文譯本，頁四三——五〇，臺北時報文化出版公司，一九八八。

⑲同⑱。

⑳金龍四大王謝緒被封為黃河之神之事，又見於《續文獻通考・羣祀考三》，《文獻通考・羣祀考二》，《通俗編》，《陔餘叢考》卷三五，《茶香室叢書》卷十五等書。

㉑黃芝崗《中國的水神》，頁八五，香港龍門書店，一九六八。

㉒黃芝崗，前書，頁九四——九六。

㉓黃芝崗，前書，頁八六。張壽林〈黃河の神に就て〉，《大黃河》，朝日新聞社編，一九三八。

湛湛江水

——亂神蚩尤與楓木信仰

一、亂——中國神話和政治上的一個基型

孔子所不喜歡的「怪力亂神」，其中的「亂」，朱注說是「悖亂之事」，比如臣子弒害君父或人民反德爲亂等[1]。其實也就是「叛逆」、「造反」之義。《說文》把亂字引申爲「治」或「理」的意思，指的是撥亂反正，平定混亂，整理局面而言。

亂，是中國幾千年來的政治主題，不論是造反成功的易姓革命，或是被鎮壓下去的農民起義，歷史幾乎全是在「悖亂」與「治亂」之間反覆循環。

亂，也是中國神話上的一個重要的主題。與帝爭，失敗而以頭觸不周之山的共工。不待帝命而竊息壤以爲下民治水，結果被殺於羽山的鯀。與黃帝戰，被斷了頭而猶以乳爲目，以臍爲口，舞干戚而戰的刑天。開題之北爲貳負和危所殺的窫窳。崑崙之北，九首人面蛇身，

爲禹所殺，其血所流之處不生五穀的相繇。因戰敗而自沉於淮水，化爲厲鬼的共工之子浮游……。這些古代諸神，可以說都是以「亂」爲神話基型而產生的亂神。他們或因與帝爭位，或因不服帝命，或因率衆爲亂，但總不外是叛逆與造反的神話主題。

另外在《山海經》中，也有一些原因不詳而被處死的諸神，應該也是屬於亂神的範圍：

①有人無首，操戈盾立，名曰夏耕之尸。〈大荒四經〉

②北海之內，有反縛盜械，帶戈常倍之佐，名曰相顧之尸。〈海內經〉

③王子夜之尸，兩手、兩股、胸、首、齒，皆斷異處。〈海內北經〉

④據比之尸，其為人折頸披髮，無一手。〈海內北經〉

在檢討許多亂神的神話時，發現凡是神話中出現的亂神或惡神，大多數都是異族，古代中原華夏民族的其他異族所奉祀之神。而在神話中平亂、鎮壓和屠殺這些亂神的，通常是歷史上在中原建立王朝政權的華夏部族的祖神。這現象正如同歷史政治上成者爲王、敗者爲寇的道理是一樣的。由諸多異族的亂神所組成的神話，反映的應該是古代中國民族與王權的形成期間，華夏諸族與周邊民族之間鬪爭與融合的葛藤。

亂神的系譜中，最具有代表性的自然是蚩尤與共工的神話。關於共工以及其他諸神，留待別稿另行討論。本文是以蚩尤爲中心，檢討其神名的原義、神容的原象、神話的性格以及與蚩尤神話有關的一些其他問題。

二、牛鬼蛇神——蚩尤的原象

《書，呂刑》說：「若古有訓，蚩尤惟始作亂。」可知蚩尤是神話和古史上的第一個亂神。也正因爲如此,所以後來的文字學家把蚩尤名字的意思,都解釋爲具有「悖亂」之義。如：

①蚩、悖也（《方言》十二）

②蚩、亂也（《廣雅・釋詁》）

③尤、異也（《廣雅・釋言》）

④尤、怪也（《小爾雅》，《廣言》）

蚩尤的文字意思正是「悖亂怪異」。以下再看文獻上蚩尤的神象：

①蚩尤兄弟八十一人，並獸身人語，銅頭鐵額，食沙石子……。《太平御覽》卷七九

②蚩尤氏兄弟七十二人，銅頭鐵額，食鐵石，軒轅誅之於涿鹿之野。蚩尤能做雲霧。涿鹿在今冀州，有蚩尤神，俗云人身牛蹄，四目六手。……蚩尤齒，長二寸，堅不可碎。秦漢間說，蚩尤氏耳鬢如劍戟，頭有角，與軒轅鬬，以角觝人，人不能向……。太原村落間，祭蚩尤神不用牛頭，今冀州有蚩尤川，卽涿鹿之野，漢武時，太原有蚩

尤神畫見，龜足蛇首……。《述異記》上

③蚩尤……八肱、八趾、疏首……。《初學記》卷九引《歸藏・啓筮》

④蚩尤，銅頭啖石，飛空走險，黃帝以馗牛皮為鼓，九擊止之，尤不能飛走，遂殺之。

《山海經・大荒北經》

⑤大荒之中有宋山者，有赤蛇，名曰育蛇，有木生山上，名曰楓木，蚩尤所棄其桎梏，是謂楓木。《山海經・大荒南經》

綜合以上的資料，我們大致上可以看出蚩尤的神容是：

1. 銅頭鐵額，耳鬢如劍戟，食沙石子，兄弟衆多。
2. 牛鬼，人身牛蹄，頭有角，以角觝人，人不能向。
3. 蛇神，龜足蛇身，或赤蛇，或八手八足的兩頭之蛇。
4. 能飛空走險，能做大雲霧。

其中①和④是強調蚩尤的神武驍勇的英雄形象與飛空走險、呼風喚雨的本領，能夠與中原的上帝黃帝爭戰的亂神，自然不可能是平凡無能的泛泛之輩。而②與③，則說明了蚩尤的原象，也就是他的神容本體，是與牛及蛇有關的。

蚩尤的原象是牛或蛇，應該是和古代部族所祭祀的祖神信仰有關，蚩尤具有牛鬼和蛇神的本體，是由於在神話系譜中蚩尤是神農之後（牛），不是九黎三苗之長（蛇）之故。

蚩尤是姜姓始祖神農炎帝之後，也或謂蚩尤卽炎帝本人，那麼保持著神農炎帝的「人身牛首」的部分神容是不足爲怪的❷。祭祀蚩尤時不用牛頭，原因自然也可能是如袁珂先生所說：「對蚩尤表示敬畏。」❸一部分的姜姓族曾與姬姓周族爲鄰，居於渭水上游，殷周革命，呂渭（姜太公）曾率姜姓族助周滅殷，功成之後，受封於東夷齊地（山東），在姜姓建國的齊地，東平郡壽張縣闞鄉城中有蚩尤冢，而在山陽鉅野縣重聚有蚩尤的肩髀冢，都可以說明蚩尤的信仰是起源於姜姓族的齊地山東。

蚩尤的原象又與蛇神有關，是源於神話中的蚩尤是南方苗蠻諸族所信奉的祖神之故。

> 蚩尤惟始作亂，延及于平民，罔不寇賊鴟義……以覆詛盟，虐威庶戮，方告無辜於上……皇帝哀矜庶戮之不辜，報虐以威，遏絕苗民，無世在下……傳：九黎之君，號曰蚩尤。
>
> 《書・呂刑》

《國語・楚語》也說：「少皞之衰也九黎亂德，民神雜糅不可方物……顓頊受之，乃命南正重司天以屬神，命火正黎司地以屬民……是謂絕地天通……。」

《史記・五帝本紀》說：「黃帝使應龍殺蚩尤于凶黎之谷。」❹雷學淇解釋此「凶黎之谷」，說是「黎民之最凶悍者」❺。御手洗勝先生考證凶黎之谷的「凶黎」卽「九黎」的音轉，九黎三苗的九和三都是指衆多的數目而言❻，所以蚩尤被殺的凶黎之谷，實際上也就是《雲笈七籤》所見的：

黃帝殺蚩尤於黎山之丘，擲械於大荒之中，宋山之上後化為楓木之林。❼

凶黎之谷卽黎山之丘，是九黎之長蚩尤被殺之地。而促使楚人祖神重黎斷地天通的原因，也正是因爲蚩尤率領著他的九黎三苗之衆惟始作亂的結果。蚩尤作亂的神話反映的是古代中國華夏部族與南方苗蠻諸族互相攻戰殺伐的歷史。黃帝顓頊之後，堯、舜、禹，幾乎所有的中原王朝的祖神都有征討或流放苗蠻諸族的神話，也是這種民族葛藤的延長。所以當楚人由東方與姜姓齊國連接之地而向西南擴張，深入了江漢平原（也就是由青蓮崗文化區到屈家嶺與大江仁文化區），與原住江漢一帶的苗蠻相互融合、爭戰及逐殺。從上引〈楚語〉斷地天通的神話，已可以看出原來自稱蠻夷的楚人，發展到後來已是統轄南方諸蠻而與中原對峙的南方大國，所以楚人在驅趕苗蠻諸族的斷地天通神話之中，楚人的祖神重黎，已是受帝命而替天行道了❽。

作爲九黎之君、苗民之神的蚩尤，與「蠻」、「閩」諸族的族名從「虫」（蛇）一樣，具有蛇神的形體，應該是很自然的。而且從蚩尤的名字的文字原始意義上來看，「蚩」字的原義是蛭類的長虫，尤字或作「蚘」❾，也是長虫之義，蚩尤的名字本身，除了包括他「悖亂怪異」惟始作亂的人文意義之外，也包含了他「蛇身」的蛇神神象。

丁山先生考證蚩尤的原義，認爲蚩尤的本義是赤色的九頭蛇，也卽如今南方楚地常見的赤練蛇，古人所說的「蟲蚘」，就是赤色長虫蚩尤❿。丁山先生所論蚩尤的原義是赤色長蛇的結論是很正確的。但我們並不同意丁山先生由此赤蛇而引申出蚩尤的原始卽九首蛇身的相繇，又是《莊子・應帝王篇》所見的「南海之帝爲儵」的儵等的結論。

我們認爲與蚩尤最有直接關連的是在蚩尤所化的楓林之處，宋山之上的那條赤蛇，這條赤蛇是南方黎苗之民所祭祀的食人獸窫窳（詳見下章），在神話中被人格化和神聖化了以後，成爲苗民之神，卽見者能爭霸天下的延維。

①有宋山者，有赤蛇，名曰育蛇，有木生山上，名曰楓木，蚩尤所棄其桎梏是為楓木。

〈大荒南經〉

②有人曰苗民，有神焉，人首蛇身，長如轅，左右有首，衣紫衣、冠旃冠，名曰延維，人主得而饗食之，伯天下。

〈海內經〉

育（蛸）卽蚘，育蛇也卽蚩尤，是蚩尤所處宋山上的赤蛇，因此人格化之後成爲紅冠紫衣的苗民之神。左右有首，類似兩頭蛇，也卽前引《初學記》蚩尤「八肱、八趾、疏首」的「疏首」。疏首是指左右各有分開的兩個頭。「人主得而饗食之，伯天下」，也卽是蚩尤惟始作亂，率苗黎之民爭霸天下的神話內涵。

一條宋山上的赤蛇，逐漸演化爲人面蛇身、左右有頭、龜足牛蹄、頭上長角的牛鬼蛇神，再逐漸神聖化而爲紅冠紫衣的半人半獸的苗民之神，最後再人格化而成爲銅頭鐵額、鬢如劍戟、獸身人語的神武勇士，勇士再到後宋，脫去了獸身而成了不服帝命率衆造反的諸侯蚩尤。這就是蚩尤神象的演變以及在南方成爲黎苗君的過程，也是神話中的諸神，由純動物而半人半獸，最後被人格化而成爲人神的一個樣板例子。

除了牛鬼與蛇神的原象，另外有記載說有一種海中的怪獸，也叫蚩尤，唐末蘇鶚的《蘇氏演義》說：

> 蚩，海獸也，漢武作柏梁殿，有蚩尾，水之精也，能卻火災，因置其象於上，今謂之鴟尾，非也。

同樣的說法也見於《廣博物志》：

> 蚩，海獸也，漢武帝作柏梁殿，有上疏者云，蚩尾水之精，能辟火災，可置之堂殿……劉孝標始云，蚩尾是水獸，作蚩尤字是也，古老傳曰，蚩聳尾於頭上，遂謂之蚩尾，蚩尤，銅頭鐵額、牛角牛耳，獸之形也，作鴟鳶字，卽少意義。

《廣博物志》是明代董斯張集引唐宋之書而編撰的，可知這兩條關於蚩尤是海獸（水精）的說法是相當後起的，最早也不可能超過漢代，是蚩尤神話已經形成和定型之後而有的附會。「作大霧彌三日」等記載，所以把置於宮殿之上用以壓邪避火的水精海獸，稱爲蚩尾，也就是中國宮廷建築常見的鴟尾。

水精海獸卽使或名蚩尤，但我們認爲與蚩尤的原象已經相去甚遠，充其量只能在這兩種資料中看到「牛耳牛角」的牛鬼，與「蚩尾聳於頭上」類似疏首蛇神的遺容而已，與研究蚩尤神話，並沒有太多的關連。

三、火神刑神——蚩尤的神格

以蚩尤爲火神，是許多學者一致的結論，他們最主要的論據是蚩尤卽炎帝，也卽祝融。這三者都是火神，所以蚩尤的神格自然也是火神。

丁山先生考證黃帝與炎帝戰於涿鹿，與蚩尤戰於阪泉，涿鹿與阪泉實爲一地，他進一步主張黃帝與蚩尤之戰以及黃帝擒殺蚩尤的神話是：「實象徵禱雨之祭，用畜水的『應龍』決殺旱龍的寓言，所謂『炎帝爲火災』的本事，也卽是蚩尤爲旱災的變相，由是言之，蚩尤者，旱魃之神也；所謂『阪泉之戰』，不是什麼民族戰爭，也不是什麼奴隸革命，只是把農業生產者受了旱災的威脅而舉行禱雨的典禮演繹成爲禱雨的神話而已。」[11]日本的森三樹三郎先生也主張《山海經・大荒北經》所見的黃帝降天女魃而止風雨，雨止，殺蚩尤的神話，是由當時齊東野人之間「打旱魃」的風俗演變而來的，而炎黃之戰的神話，則是由於五行說流行之後，皇帝成了黃帝，蚩尤成了炎帝，由此而有炎黃之戰⑫。

而我們卽使承認蚩尤的原體是具有旱神（火神）性格的火蛇，但在蚩尤與黃帝戰爭的神話中，蚩尤不但不是旱魃，相反的是被黃帝之女旱魃所殺的亂神：

①大荒之中，有人衣青衣，名曰黃帝女魃，蚩尤作兵伐黃帝，黃帝乃令應龍攻之冀州之野，應龍畜水，蚩尤請風伯雨師，縱大風雨，黃帝乃下天女曰魃，雨止，遂殺蚩尤。魃不得復上所居不雨……。 《山海經・大荒北經》

②大荒東北隅中，有山名凶黎土丘，應龍處南極，殺蚩尤與夸父，不得復上，故下數旱，旱而為應龍之狀，乃得大雨。 《山海經・大荒東經》

黃帝能夠命應龍畜水又能令旱魃止雨，自然是反映著他只有水火兩面性格的至高神雲雷之神格。而蚩尤能夠請風伯雨師縱大風雨，也是與黃帝處在對等地位的。在這種對等的關係上，我們認為正是反映著兩個勢力相當的敵對集團，如果一定要說這和民族之間的爭鬪是沒關係的，可能是說不過去的吧？而在這則神話中，我們又從那裏可以找到丁山先生所說的是「由殷商王朝禱雨桑林的神話演繹而成」的痕跡呢？

神話的確是和古代祭儀有關的，但並不是所有的神話所反映的都是古代的祭儀，在蚩尤與黃帝的神話中，旱魃不得復上於天，所居不雨，叔均言之黃帝，後置旱魃於赤水之北，所欲逐之者，令曰「神北行」，先除水道，決通溝瀆（〈大荒北經〉），以及「旱而爲應龍之狀，乃得大雨」（〈大荒東經〉），所反映的當然和古代祈雨及逐殺旱魃的祭儀有關。但也無法就以此而得出所有累積集合而形成的蚩尤神話，全部都是源於禱雨之祭的寓言。

御手洗勝先生從蚩尤名字的音義上考察，認爲「蚩尤」的神名，其原始是祝融的「祝」。並且由蚩尤冢中有「赤氣亙天，如匹降帛」的記載，認爲赤氣是火。而蚩尤作兵，是主金之神。古代以火煉金而製兵器，自然也說明了蚩尤是支配著火的冶金之神，結論也是蚩尤即祝融，是火神[13]。

楊寬先生主張黃帝伐蚩尤的故事「實出於上帝伐惡神之神話」，並考證「涿鹿之戰與阪泉之戰必爲一事也，且涿鹿與阪泉亦爲一地」，但楊寬先生並不認爲蚩尤與炎帝是一神的分化，而是「一時之誤合」。他主張蚩尤是與西方主金之神蓐收有許多相似的地方，雖不敢臆斷與蓐收即是同一神，但「惟蚩尤之爲刑神可無可疑也」[14]。

我們認爲楊寬先生所說蚩尤是古代刑神的說法是正確的，因爲古代兵刑不分，東漢以後，政治制度益趨細密，才分兵刑爲二，顧頡剛先生也證之甚明[15]。蚩尤即是始作兵器的戰神、兵神，自然也是只有刑神的性格，但神話中刑殺之神頗多，大厲鬼伯強、西王母、蓐收，都具有刑神的性格，蚩尤不必一定卽是蓐收。楊寬先生看出蚩尤與炎帝未必是同一神的分化而是「一時之誤合」的說法也是很有見地的。蚩尤卽炎帝也卽祝融，是許多學者公認的說法，可是我們發現此三神，除了都具備火神的神格，而在神話上有某些誤合之外，在神話的內容上，實在找不到多少相同或相通之處，在成文的記載中，神農炎帝是敎人播種五穀、發明醫藥、日中作市的太陽神（火神），和神農炎帝有關的神話除了涿鹿之戰之外，神農炎帝全是正面性的善神。

祝融在《淮南子》書中是司南方之極的一萬二千里的赤帝，在神話中是類似應龍性格的帝臣，奉帝命殺蚩尤、殺鯀，奉顓頊之命阻遏苗民，斷地通天的也是他（祝融卽重黎）[16]。他是楚民族的祖先神，是臣屬於黃帝、帝嚳或顓頊而爲火正的火神，在神話中他和苗蠻之長九黎之君的蚩尤是處於對立的地位上的楚人之神。

我們在神農炎帝與赤帝祝融的神話中，找不到絲毫如蚩尤般的「悖逆怪異」的亂神性格，如果我們完全忽略了神話的內容，僅以三者皆是火神的神格，而在其神名的音義上互轉再轉，以小同而抹殺大異，會不會是捨本逐末而差之千里呢？也許我們應該考慮到的是並不是所有具有火神神格的諸神，都是一神的分化，正如我們並不贊同今天的許多神話研究者，把神話中諸神的原象都視為民族的圖騰，於是使古代中國成了水蛇泥鰍，猿猴猪狗之類，充滿了飛禽走獸的圖騰動物園。

造成神農炎帝、祝融與蚩尤三位一體，重合的原因可能如下：

1. 炎帝、祝融、蚩尤，三者都是火神。

2. 祝融與蚩尤在神話系譜上都是姜姓火神炎帝的後裔。

3. 五行說興起以後，炎帝神農成了南方的赤帝，祝融是南方楚人的祖先，也是司南方的赤帝。蚩尤在苗蠻的神話信仰中可能是火蛇（火神），由於楚人南進苗蠻之地，於是把兩個火神互相混合了，這種混合的現象，由楚文化中包含了許多南方苗蠻的色彩，如《楚辭・天問》與苗族古歌等類相同的例子可以證明。

我們認為炎帝神農、祝融和蚩尤，在始原上是不同於中原華夏諸族的三個不同的異族火神。蚩尤之由東方齊地所祭祀的刑神、兵神、戰神的原來神格而轉化成南方的火神、戰神及祖神，可能是由於楚人向西南進出，而使東方的蚩尤神和苗蠻族羣原來信仰祭祀的火蛇（火神或祖神）相互結合，由此而產生了蚩尤為苗民之神、惟始作亂、斷地天通以及諸多中原古帝征伐苗民的神話。

四、窫窳與蚩尤

《山海經》有食人獸，名爲窫窳，又作猰貐：

①小咸之山有獸焉，其狀如牛而赤身，人面馬足，名曰窫窳，其音如嬰兒，是食人。 〈北山經〉

②窫窳居弱水中，在狌狌之西，其狀如貙，龍首，食人，有木，其狀如牛，引之有皮，若纓，黃蛇，其葉如羅，其實如欒，其木若蓲，其名曰建木，在窫窳西弱水上。郭注：窫窳本蛇身人面，為貳負臣所殺，道化而成此物也。 〈海內南經〉

③猰貐，類貙，虎爪，食人，迅走。 《爾雅・釋獸》

④猰貐，獸中最大者，龍頭馬尾，虎爪長四尺，善走，以人為食，遇有道君隱藏，無道君出食人矣。 《物類相感志》

⑤猰，猰犺不仁。 《廣韻》

⑥以故皆窳，注：《集解》徐廣曰，皆窳，苟且墮嬾之謂也。 《史記・貨殖傳》

首先讓我們把以上的窫窳資料拿來和蚩尤做個比較：

①窫窳其狀如牛而赤身。蚩尤是牛蹄牛角，名曰育蛇的赤蛇。

②窫窳「迅走」「善走」。蚩尤是「飛空走險」。

③窫窳之處有木名曰建木。蚩尤是「有木生山上，名曰楓木」。建木未必即是楓木，但同爲神聖之木無疑。

④窫窳遇有道君則隱，無道君則出而食人。也就是當天下大亂之時出而食人。蚩尤則是率衆抗帝命而惟始作亂。

⑤窫窳是墮嬾、不仁之義。蚩尤是悖逆怪異的不仁亂神。

⑥窫窳是獸身而其音如嬰兒。蚩尤和他的兄弟是「獸身人語」。

⑦窫窳之名，窫字從契，與蚩音通。窳或作窬，音尤（《集韻》：促侯切，音尤。），與蚩尤之尤相同，窫窳在神名的語音上就是蚩尤。

從以上的比較，神名上的音義一致以及神容的類似，我們可以看出窫窳實和蚩尤是同一神的分化。也就是在蚩尤還沒有被人格化而成亂神之前，窫窳與宋山之育蛇，應是蚩尤的原始本身。以下再看幾則窫窳與蚩尤的神話：

①貳負之臣曰危，危與貳負殺窫窳，帝乃梏之疏屬之山，桎其右足反縛兩手，繫之山上木，在開題北。《山海經・海內西經》

②大荒之中有宋山者，有赤蛇名曰育蛇，有木生山上，名曰楓木，蚩尤所棄其桎梏，化

而為樹，是謂楓木。郭注：蚩尤為黃帝所得，械而殺之，已摘棄其械，化而為樹也。

〈大荒南經〉

貳負和危殺了窫窳，帝（黃帝）把窫窳之尸，桎其右足，反縛兩手綁在山上的大樹之上，這與應龍殺蚩尤，械而殺之，蚩尤棄其械梏化爲楓木是相同的。帝之梏窫窳於疏屬之山，與蚩尤「八肱、八趾、疏首」的疏首應該也是有關的。疏首是指分開的頭，一方面指兩頭，另方面是說蚩尤被殺於絕轡之野，身首異處（《路史・後紀四》）。

窫窳是食人獸，此獸應該卽是南方苗蠻族羣一些食人部族所祭祀和信仰的神。揚雄〈長揚賦〉：「昔有彊秦，封豕其上，窫窳之民，鑿齒之徒，相與磨牙而爭之，……」這些與強秦磨牙而爭的窫窳鑿齒之徒，指的卽是南方楚地之民，鑿齒是雕題黑齒（紋身染齒）的部族，窫窳是祭祀食人獸窫窳的食人族。《楚辭・招魂》說：

魂兮歸來，南方不以止些，雕題黑齒，得人肉以祀，以其骨為醢些，蝮蛇蓁蓁，封狐千里些，雄虺九首，往來儵忽，呑人以益其心些……

朱熹注說：

南方人常食蠃蜂，得人之肉，則用以祭神，復以其骨為醬而食之，今湖南北有殺人祭鬼者，卽其遺俗也。

「雄虺九首、往來儵忽」，不是也和「八肱、八趾、疏首」而飛空走險的蚩尤以及「類貙，虎爪，食人而迅走」的窫窳很相似的嗎?食人的窫窳，反映的也就是古代湘沅楚地得人肉以祀的苗蠻食人之俗。

窫窳蛇身人面，又類貙。貙是一種大老虎（《集韻》：貙，虎之大者），南方楚地江漢流域一帶，有一支苗蠻族人叫貙人，《搜神記》卷十二載：

> 江漢之域有貙人，其先稟君之苗裔也，能化為虎。或云，貙虎能化為人，好著紫葛衣。

人所化或化爲人的貙虎，好著紫葛衣，正如苗民之神延維人首蛇身，長如轅，當他化爲人時是「衣紫衣，冠旃冠」，人主得之能伯天下的苗族之神。

人首蛇身左右有首，紫衣紅冠的苗民之神延維，或許即是蛇身人面而食人的窫窳，也即是人格化之後，獸身人語、銅頭鐵額、鬢如劍戟的苗族之君蚩尤。

五、戰神蚩尤

蚩尤是神話中始作兵器的戰神，古籍各書於「蚩尤作兵」的記載頗多，現略舉數例於下：

①黃帝……一修教十年，而葛盧之山發而出水，金從之，蚩尤受而制之，以為劍鎧矛戟……《管子・輕重法》

②黃帝攝政前，有蚩尤兄弟八十一人……造立兵杖、刀、戟、大弩，威震天下，誅殺無道不仁不慈……《太平御覽》卷七九

③蚩尤以金作兵器。《世本》

其他如《左傳》：「蚩尤好立兵。」《山海經・大荒北經》：「蚩尤作兵。」等，諸多的記載都說明了蚩尤是「兵主」和戰神的神話性格。因為蚩尤造兵，所以「即以司兵之星名蚩尤」（全祖望《經史問答》）。

《史記・封禪書》說秦始皇即位三年，登泰山，東遊海上，行禮祭祀名山大川及八神將，八神一曰天主，二曰地主，三曰兵主……兵主就是蚩尤。

《史記・高祖本紀》說：「立季為沛公，祠黃帝，祭蚩尤於沛庭而釁鼓。」是說高祖劉邦起兵抗秦時曾祭祀戰神兵主蚩尤。「天下已定……令祝官立蚩尤之祠於長安。」（〈封禪書〉）則說天下平定之後，劉邦在首都長安為蚩尤建廟立祠。劉邦是楚人，可見在秦漢之際，蚩尤已經不再單純的是東方齊地所祭祀的兵主，也不再僅僅是惟始作亂的南方苗蠻之長，而是秦楚各地，全國所祭祀的共同兵主戰神了。

關於八神的祭祀，司馬遷說：「八神將自古有之，或曰太公以來作之，齊所以爲齊，以天齊也，其祀絕，莫知起時……」（《史記・封禪書》）天地山川之神，或許自古有之，但以蚩尤爲兵主而配列八神的祭祀，我們認爲起於在山東建國的姜姓太公的說法是正確的。姜姓齊國是以太公呂尚（或呂渭，卽姜太公）爲始祖太公，此太公是周之太師，與姬姓周近鄰而居，殷周革命之際，率衆助周滅殷，功成之後受封於殷地山東，建國爲齊。《漢書・藝文志》載太公著兵書，有謀八十一和兵八十五篇等，《史記・齊太公世家》載：

周西伯昌之脫歸羑里，與呂尚陰謀修德，以傾商政，其事多兵權與奇計，故後世之言兵及陰權，皆宗太公為本謀……

可知齊之太公，實是後世兵家及陰謀權術之祖。那麼隨著姜姓呂尚到山東齊地建國，而把他們原先祭祀的姜姓氏族的戰神蚩尤帶到了東方，成爲八神中僅次於天地之神的兵主之神而祭祀，也是自然而且極其可能的。齊地蚩尤的祭祀，不但行於國家軍旅，民間也依然保留著，如《皇覽・冢墓記》所見的蚩尤冢：

蚩尤冢，在東平羣壽張縣闞鄉城中，高七丈，民常十月祀之，有赤氣出亘天，如匹絳帛，民名為蚩尤旗。肩髀冢，在山陽鉅野重聚，大小與闞冢等，傳言黃帝與蚩尤戰於涿鹿之野，黃帝殺之，身首異處，故別葬之。

二家所在，都在山東齊西之地，可知祭祀蚩尤之儀是一直相沿的。「赤氣亘天，如匹絳帛」的蚩尤旗，又是主兵的妖星：

①蚩尤之旗，類彗而後曲，象旗，見則王者征伐四方……《史記・天官書》

②妖星，六曰蚩尤旗，類彗而後曲，象旗，或曰赤雲獨見，或曰如色黃上白下……見之方下有兵。《晉書・天文志》

是說天下大亂，兵禍將起之時，此妖星（蚩尤旗）必現，見則王者征伐四方，很像我們前章所引苗民之神延維（蚩尤）「人主得而饗食之，伯天下」，因此後世舉兵之時，有祭祀戰神兵主蚩尤的儀禮，《周禮・春官・肆師》：

凡四時之大甸獵，祭表貉則為位。鄭注：貉、師祭也……於所立表之處為師祭造軍法者，禱氣勢之增倍也，其神蓋蚩蚘，或曰黃帝。

前引劉邦舉兵祭蚩尤卽是一例，由此資料也可以看出後世所祭兵主戰神，除了蚩尤以外，黃帝也具有兵主戰神的性格。

蚩尤與黃帝戰於阪泉的神話，其成立的背景，我們認爲或許是和歷史上山東齊地政權的換替有關。《史記・田敬仲完世家》載，齊宣公十一年，陳公子完奔齊，以陳字爲田齊，桓公使爲工正，齊懿仲欲妻完，卜之占曰：「有嬀之後，特育于姜，五世其昌，並于正卿，八世之後，莫之與京」，這個卜辭已經暗示著田齊（陳完）的子孫必將取姜姓齊國而代之的政治命運，果然陳完卒後，他的子孫在齊國世代為相，到了田和，立為齊侯，列於周室，是齊侯太公，已取姜齊而代了，他的兒子就是春秋時的霸主齊桓公，孫子是齊威王。

田齊是以黃帝為自己的高祖，也就是氏族之神。齊威王的文器因資錞上明載著：「其惟因資，揚皇考昭統，高祖黃帝，侎嗣桓文。」（《兩周金文大系》），也就是說出於陳（大舜之後）的陳完後人，以田齊篡了姜齊之後，為了誇耀自己的族系，上推而以黃帝為高祖。

在歷史的政治上是自稱黃帝之後的田齊取代了原來的姜齊，田齊為了強調自己篡姜齊的合理化及正統性，於是在神話上產生了田齊高祖征伐姜姓戰神蚩尤的故事，在這樣的政治背景下，姜姓的戰神蚩尤自然就被惡化和醜化而成為亂神的代表了，因此我們認為黃帝戰蚩尤的神話，很可能就是田齊把勝者為王、敗者為寇的歷史現實，搬進了自己的始祖神話而產生的。

六、蚩尤與國殤

戰神蚩尤，是不是就是《楚辭・國殤》所見的無頭戰神？

《楚辭・國殤》所祭的是不是就是戰神蚩尤？

如果不是，那麼蚩尤神話與《楚辭・國殤》到底有沒有關連？

蘇雪林先生首先提出〈國殤〉與蚩尤的問題：

> 〈國殤〉歌主仍然是一位神道，歌辭所敘皆為戰爭場面，則歌主當是戰神，再者就「首雖離兮心不懲」那句歌辭看來，歌主還是一位無頭戰神。
>
> 我國蚩尤在齊地八神將中實為兵主，亦即戰神，他被擒於黃帝，斬首絕轡之野，身首異處而葬，所以他是無頭之神。蚩尤又稱炎帝，又稱赤帝，在天為熒星（火星）之神，在地即為赤帝，主夏。⑰

龔維英先生也主張〈國殤〉所祭是戰神蚩尤，論點是秦人祀蚩尤，故〈國殤〉「帶長劍兮挾秦弓」的就是蚩尤，至於屈原作〈國殤〉的原因，則是：

> 秦人作詛楚文，呼告楚人崇祀的大神巫咸而詛之，后來，秦楚易勢，楚數受秦欺凌，于屢敗之后，屈原作〈國殤〉，亦呼喚作為東夷戰神的蚩尤之靈，用同樣的手法詛秦。⑱

如此，則〈國殤〉在龔先生看來，無異就是屈原所作的詛秦文了。龔先生以挾秦弓的就是蚩尤，〈國殤〉所見的秦弓與吳戈，歷來是研究《楚辭・國殤》的學者所爭論而沒有一致結論的一個問題。羅庸先生以「秦弓」一詞而得出了「〈國殤〉是祭祀秦二世之作」的結論

[19]，蘇雪林先生也因「秦弓」而一時出「不像屈原弔本國戰士的口氣」的結論[20]。我們認爲，〈國殤〉中的秦弓，如同吳戈，都是泛指當時所使用的精良武器，我們在秦代的兵馬冢出土的文物中，已看到秦弓，當時秦人已經使用扣板機而連發的強弓。吳戈越劍，也是因爲其地有良金以及精良的治金技術而來，並不一定挾秦弓的就非得是秦兵，操吳戈越劍的必是吳越之軍不可，關於此問題，蕭兵先生已辯之甚詳：

> 楚人的思想和情懷都較廣闊開放，不但不隱諱敗亡，而且對於使用敵國兵器、進口物品並沒有什麼禁忌，往往直呼其名，「操吳戈兮披犀甲」，吳越有錫，制作青銅武器久以鋒利堅韌聞名于世，近年出土的越王句踐銅劍等可證，（所以吳戈沒有必要改讀「大盾」之類），難道操吳戈的不是楚卒而是吳兵？……[21]

並不能因爲秦人祭祀蚩尤，而就決定拿秦弓就是蚩尤，否則楚人列邦也祭蚩尤，蚩尤是否得改拿楚戈以代秦弓？〈國殤〉所祭，不可能因爲「秦弓」的出現就是祭祀秦鬼，而且〈國殤〉也未必是屈原所作的詛秦文，〈國殤〉所歌的祭的，必是楚人之殤。

蘇雪林先生根據「首雖離兮心不懲」一句而提出〈國殤〉所祭是無頭戰神，並且旁徵博引，舉出幾個古文化地區如巴比倫、印度、希臘都有無頭戰神的祭祀，在比較文化與比較神話上有很大的貢獻。古代許多民族，對於異族和敵人的屍體，採取身首異葬，以防止敵人或異族之魂異化爲厲鬼而繼續作祟。或取回敵人的首級，或飲敵人之血以增強自己的戰力，這是在古代民俗學上常有的例子。蚩尤被黃帝所殺「身首異葬」，刑天與帝爭，被斷首而葬於常羊之山，都具有蘇先生所說的無頭戰神的神話性格是沒有疑問的。但是，中國神話中的無頭戰神是否就是印度的迦尼薩 Grnesa，巴比倫的倫比甲 Nergae 和希臘的難克 Nike呢？中國的無頭戰神是否卽是來自西方的域外？

卽使我們在《楚辭‧國殤》祭祀人鬼的底層，發現有無頭戰神的深層結構，但〈國殤〉所祭，是否卽戰神蚩尤？關於此問題，凌純聲、張壽平、陳炳良、蕭兵諸先生都持有與蘇雪林先生不同的看法，他們諸位已有詳細的討論，本文暫略㉒。

凌純聲、張壽平諸先生，主張〈國殤〉反映的是古代濮僚民族馘首祭梟的民俗㉓，這種南方苗蠻諸族的馘首祭梟的古俗，與前述河南北渚地殺人祭鬼，得人肉以祀，以其骨爲醢的習俗是有關的。但這些類同的習俗，只能說是《楚辭‧國殤》成立之前，作爲民間野祀的民俗背景，而不能謂此卽是《楚辭‧國殤》所「描繪」的具體內容。如同《紅樓夢》中林黛玉這個人物的神話背景是《山海經》所見的「服之媚于人」的絳草，賈寶玉是女媧補天所遺下的一塊石頭，石頭和絳草是形成《紅樓夢》賈林兩人的神話背景，而並非《紅樓夢》的正文。我們在《楚辭‧國殤》一文的確看到了它的結構底層有無頭的戰士，我們也承認〈國殤〉的形成與楚地自古以來的馘首祭梟的祭儀有關，但這些都是〈國殤〉成立之前的一些宗教和民俗的背景，拿這些背景資料去解釋〈國殤〉本文，如同以頑石和絳草去解釋整部《紅樓夢》，是把構成劇本的一些素材，當做了舞臺上的演出。

關於〈國殤〉的素材，蕭兵先生已經舉出許多〈國殤〉成立之前楚地民間野殤祭祀的例子，比如苗族語言中有類似楚語和漢語「鬼雄」的詞語「苗鬼」，而且苗巫祭祀苗鬼的古歌，也和〈國殤〉有潛在相通的地方[24]，這些例證都足以說明〈國殤〉結構深層之中的原始民俗信仰。蕭兵先生認為環繞〈國殤〉的綜合性結論是：①〈國殤〉是起源於民間野祀，乃至而成的國家大典。②〈國殤〉的具體目的在招魂，撫慰強鬼，不使異化。③降鬼下禓，所謂強鬼附身顯聖。④利用強鬼驅嚇妖魔怪祟的巫術作用。⑤利用鬼雄降賜福祐，壓勝強敵的政治作用。⑥現在的《楚辭·國殤》是經過詩人的典型化的再創造，〈國殤〉已非粗鄙的「起殤」，正如〈招魂〉已不復是卑陋的「叫魂」。⑦〈國殤〉是屈原在民間或廟堂祭典的基礎上獨立創作的悲壯頌歌[25]。

湯炳正先生也主張《楚辭·國殤》是源自楚地民間祭祀戰死者的野殤之俗。他說：

> 國殤實則民間祭祀戰死者的風俗，而在春秋之前各國已流行……祭祀之禮乃由民間主持，亦即祭祀戰死者之禮，介于公私之間，但在楚國或直由國家主持，故曰「國殤」，

國殤之祭不始于戰國亦不僅行于楚國，只是祭祀形式或各有不同而已。其次，從〈國殤〉內容的描寫來看，只不過是敘說士兵視死如歸的戰鬪精神而已，不必卽為對某幾次具體敗仗而寫的……必謂〈國殤〉所描寫者為楚懷王戰敗之事，並不確切，至于據此竟謂〈國殤〉與其他〈九章〉不寫于同時，更不足據。[26]

我們認為上述蕭兵和湯炳正先生對〈國殤〉的論證，是比較平實中肯的看法。無頭戰神蚩尤以及楚地的馘首祭梟的習俗，充其量只是〈國殤〉一文結構底層的一種化石性的存在素材，與〈國殤〉所歌所祭，似乎直接的關連並不大。

七、楓木信仰與招魂

湛湛江水兮上有楓
目極千里兮傷春心
魂兮歸來哀江南

《楚辭・招魂》

〈招魂〉一篇在《楚辭》中爭論甚多，最主要的問題是作者是屈原還是宋玉？另外是誰在為誰招魂？總結前人之說，招魂的問題論點不外是：

①宋玉爲招屈原之魂而作。
②屈原爲自己招魂而作。
③屈原爲招楚懷王之魂。
④宋玉爲追悼南獵未返的楚王之魂而作。
⑤屈原從懷王於江南夢澤之地爲招秦楚戰役陣亡將士之魂[27]。

以上的五種說法每一種都有歷來許多學者做過諸多的討論，本文不預備以此作爲論述的主題。我們對於〈招魂〉的作者，基本上同意傳統所說屈原之作的說法，《史記・屈原賈生列傳》：「余讀〈離騷〉、〈天問〉、〈招魂〉、〈哀郢〉，悲其志。」可知司馬遷是把〈招魂〉與〈天問〉、〈離騷〉並列，看出是屈原的作品。但正如《楚辭・天問》與苗族古歌的關係以及上節所論〈國殤〉與楚地野殤祭祀的關係，我們認爲〈招魂〉一篇，也是採取了楚地巫師招魂的傳承風習，和苗蠻諸族的楓木信仰，經過文學加工而成立的不朽名文。

楓木，是一種似白楊，葉圓而枝有脂香的大樹，也叫春楓，入秋樹葉轉紅，如火似血般的豔紅，又叫丹楓。因爲木厚葉弱，樹枝善搖，所以楓字從風，是說風起則葉搖的意思。

《爾雅・釋木》說：

> 楓人，五嶺之間多楓木，歲久則生瘤癭，一夕遇暴雷驟雨，其樹贅脂暗長三五尺，謂

之楓人，越巫取之作術，有通神之驗，取之不以法，則能化去。

段成式《酉陽雜俎》楓：

舊說楓之有癭者，風神居之，夜遇暴雷驟雨則暗長數尺，謂之楓人，天旱以泥封之卽雨……蓋其風雷之靈在焉。

羅願《爾雅翼》：

樹老有瘤癭，忽遇暴雷驟雨，癭上聳出一枝，一夜暗出三五尺，形如人鬼，口眼皆備，南中謂之楓人，亦謂之楓靈，越人以計取，為神事之……。

任昉《述異記》：

南中有楓子鬼，木之老者為人形，亦呼為楓靈，蓋癭瘤也，至今越巫有得之者，以雕刻鬼神，可致靈異。

這幾條關於楓樹的記事，已經使我們知道：

①楓木是南方（五嶺、南中）各地的神聖樹木，樹老成精，能化爲口眼皆備的人鬼。

②越巫用來作爲巫術使用，有通神之驗，可致靈異，楓木具有神秘的巫術力量。

③楓樹是風神、風雷之靈所寄居的神木，也是祈雨的聖樹，天旱以泥封之就會下雨。

④楓樹變成人鬼楓人，能變化莫測，《化書》說：「老楓化爲羽人，自無情而之有情

也。」《十道記》臨川記說楓人具有眼鼻臂而無腳，入山者有斫之者，皆出血而死……。

另外在《拾遺記》說太始元年有波斯人入中國，不食中國滋味，每飯時自壺中倒出楓脂而食，食一滴則可以壽千歲，可見楓脂又是神仙所服的仙丹之類的靈藥。

具有神秘的巫術力量的神聖楓樹，自古以來即是南方諸民族所崇拜信仰和祭祀的聖木，至今俾家族人，以楓木爲弭災禳福圖騰，每年春節、清明、穀雨、端陽定期全寨舉行祭祀楓樹的儀禮，用紅色的剪紙貼在樹上，再酹以穀酒。他們不敢砍伐楓樹，爲怕神靈降禍，遇有爭端，則雙方走到楓樹前發誓由楓樹裁斷曲直[28]。

聖樹的崇拜與祖靈的信仰是分不開的，許多民族相信祖靈是來自森林，人死之後，其魂鬼再回歸森林。仡佬族於每年三月三日祭祀樹神，是悼念祖靈的儀式[29]；臺灣泰雅族相信人死之後，靈魂通過「神靈之橋」（虹）而回到原來的祖靈森林，只有生前獵過人頭，手上染血的戰士以及臉上刺青的婦女才能過橋，否則就會被推落橋下，不得超生[30]。布朗族有祭祀樹鬼及爲樹招魂的習俗，在砍樹種地之前，由巫師擇日和卜選方向，用刀砍倒兩棵樹，然後對樹招魂，以祈求樹神寬恕，如果砍樹時樹壓死了人，就認爲是祖靈（人鬼）發怒，必須另外擇日占卜，到別處伐樹。特定的樹林是祖靈所宿，不能進入採樵放牧，犯禁忌則會導致整個村落受災遇禍，輕則流鼻血，重則遇惡疾而死[31]。

最能夠說明楓木信仰與招魂關係的苗族的創世神話〈楓木歌〉，這種祭祀祖靈的招魂儀式，是演變到今天仍然保有著的「祭鼓吃牛」的祭鼓節。

> 傳說，人類的媽媽「妹榜妹留」（蝴蝶媽媽）是楓樹心生出來的，楓樹便是她的老家，所以苗族尊崇楓樹，由于蝴蝶媽媽死后回到楓木老家裏去，這又成了苗族的風俗，人死后靈魂要送回老家才能得到安息。安葬後，由巫師唱一首長拉拉的引路歌「焚巾曲」，一邊焚燒死者生前的衣物，作為交給他帶走，一邊唱歌引導他的靈魂，沿著從前遷徙過來的路線，一步步回到從前的老家去，最後送回到蝴蝶媽媽和遠祖姜央在的地方才算完。
>
> 既然祖宗的老家是在樹心裏頭，木鼓就是象徵祖先安息的地方，後來祭祖便喊成了祭鼓，祭鼓又少不了殺牛敬供，所以這一祭祀活動，苗語叫「祭鼓吃牛」。[32]

苗族巫師祭祀亡靈所唱的「長拉拉的引路歌『焚巾曲』」似乎就是傳統的招魂曲，也應該就是《楚辭・招魂》的底層素材，爲的是讓亡魂沿著從前的來時路，一步步回歸自己的祖林，這也即是《楚辭・招魂》所見魂勿往東西南北四處漂泊，而「魂兮歸來哀江南」的本意。湘西苗族巫師所唱的〈辭請龍〉巫歌中有：

> 燃一堆紙錢，燒一爐黃蠟

火聲要去相邀，蠟煙要去呼喊
相邀人間的龍，呼喊凡間的風
東方的龍，南方的龍
西方的龍，北方的龍
凡人的龍，四季的風
……
人間龍父，家中龍母
龍回莫帶病痛，風回別帶疾苦
……
北方有人來邀你們莫去
南方有人來喊你們別往
東方青龍、南方赤龍、西方白虎、
北方黑龍、中央黃龍
五龍歸位，財發人興……[33]

這種東西南北，你們別去，東有青龍、南有赤龍的招魂巫歌，很可能就是沒有加工的原始

〈招魂〉。在苗族自古相傳的創世神話中，楓樹是萬物之父，蝴蝶是人祖之母。神話說天外飛來了一粒種子，落地成爲楓樹，楓樹化爲萬物，木屑成了黃蜂，樹丫成了飛蛾，樹葉成了燕子……樹心出現了一隻蝴蝶，就是人類之母，蝴蝶和池中泡沫結合生了十二個蛋，各化成老虎、蛇、雷公……其中丑時生的是黑臉姜央，卽人類祖先，姜央與衆兄弟（水龍、老虎、雷公……）比賽過靈橋(彩虹)得勝所以住在地上，其他兄弟有的飛向天空，有的潛入水中，有的奔向山林……[34]。可見苗族是把楓木視爲人類及人間萬物的始原之神。人類始祖是來自楓木的樹心，所以人類的亡魂也得回歸祖林楓木之處。〈招魂〉，卽是引導亡靈回歸祖林的巫歌。

讓我們再回到蚩尤的神話上去。前引《山海經．大荒南經》及《雲笈七籤》卷一百〈軒轅本紀〉，都記載著蚩尤被黃帝所殺，棄其桎梏，化爲楓林，楓木正是蚩尤亡靈所化，而蚩尤在《尚書．呂刑》等書，是九黎之君二苗之長，也就是南方苗蠻諸族的領袖，是率苗黎之族惟始作亂的族神。龔維英先生說至今：「西南苗族則奉蚩尤爲『家公』，頂禮膜拜，無以復加。」[35]「家公」，自然是指家祖、祖神之靈。如此則苗族所傳承的楓木信仰與祖靈回歸的招魂祭儀，要說是和蚩尤毫無關係，恐怕是很難的吧？

我們在本文第四章「窫窳與蚩尤」，曾推論人面蛇身的食人獸卽是蚩尤，我們認爲「貳負及危殺窫窳，帝乃梏之疏屬之山，桎其右足，反縛兩手，繫之山上木」的神話，正是「蚩尤爲帝所得，械而殺之，已摘棄其械，化而爲楓林」神話的同質異型。如果這個推論不是離題太遠的話，讓我們再以〈招魂〉來看窫窳的神話：

①開明東有巫彭、巫抵、巫陽、巫履、巫凡、巫相，夾窫窳之尸，皆操不死之藥以距之，窫窳者，蛇身人面，貳負臣所殺也。《山海經・海內西經》

②有靈山，巫咸、巫即……十巫，從此升降百藥爰在。《山海經・大荒西經》

我們認爲夾窫窳之尸，操不死藥以距之的羣巫所做的，或許正是古代楚地招魂的巫術儀禮。羣巫中的巫陽，不正是《楚辭・招魂》文中那個奉帝命行招魂巫術的神巫嗎？

帝告巫陽曰：「有人在下，我欲輔之，魂魄離散，汝筮予之。」巫陽對曰：「掌夢，上帝其難從，若必筮予之，恐後之謝不能復用。」巫陽焉乃下招曰：「魂兮歸來……」[37]

夾窫窳之尸，以不死藥而距之，可能是怕死後的窫窳，靈魂失散遠去，招不回來，正是「恐後之謝不能復用」的意思。巫陽招窫窳之魂或許也即是楚巫招其祖神蚩尤回歸祖林（楓木）神話和巫術儀禮的同質異型。

經過文字修飾、創作加工的《楚辭・招魂》，所招的對象自然未必即是戰神和黎苗祖神的蚩尤，但形成〈招魂〉一文的底層結構，不可能與楚地的楓木信仰及招魂巫術無關。如同本文上章所論，形成《楚辭・國殤》的底層是楚地的野殤祭祀是一樣的。

連帶相關的一個問題是〈招魂〉最後一句「魂兮歸來哀江南」，「江南」是指何處，歷來衆說紛紛，相執不下，但「哀江南」的解釋不外以下三類：

①是傳統的說法，王逸、朱熹、洪興祖等。所謂：「湖澤博平，春時草短，望見千里令人愁思也，王意欲使原復歸郢，故言江南之地可哀如此，不宜久留也。」[38]朱熹的意思是說江南可哀，希望屈原之魂回歸江北之郢。

②是蔣驥等。所謂的哀江南是指「哀江之南」，蔣驥《楚辭餘論》說：「湘陰有大小哀洲，二妃與舜而名，又長沙湘陰縣志云，哀江在縣南三十五里，正與汨羅相近，固知其所指乃言哀江之南……」[39]。

③哀江南的哀字，《說文》從衣，與依同，所以「哀」假借為「依戀」的意思，傅錫壬《楚辭讀本》即因此注「哀」為：「一作依，依故土江南而居。」[40]魂歸何處？①是招喚魂歸江北，因為江南可哀，不可久留。②是要魂回歸哀江之南，③是希望魂歸故土，依戀故國江南。

我們認為《楚辭・招魂》是起源於楚地與楓木信仰有關的招魂巫術儀禮的巫歌，所以江南應該是泛指江南楚地，也卽是苗蠻九黎族羣所居之地，招魂是爲了讓亡靈回歸祖林，不太可能像朱注等所說江南可哀不可久留而要把魂招回江北去。因此我們寧可採取第二或者第三種類似的解釋。當然，被認爲是「千古絕唱」的《楚辭・招魂》篇，早已和楚地原來傳承的招魂巫歌相去甚遠，所招之魂在時空的改變之下也相互各異，在《楚辭・招魂》篇的作者是誰的問題解決之前，《楚辭・招魂》的對象以及「可哀」或「可依戀」的江南所在，可能仍然是一個無法解答的謎題。

附記——苗族楓神卽祖神蚩尤

本文寫成以後，接蕭兵教授十一月十七日(一九九〇年)來信，惠示有關蚩尤資料數則，對於本文第七章「蚩尤與楓木信仰」的論述，助益頗大，特此附記於後，並向蕭兵教授致最大的謝意。

一、隆名驥先生〈從苗族民俗探討苗族族源〉㊶：

苗族人民奉楓樹為神靈和尊稱蚩尤為阿普蚩尤……湘西苗族有七月十五日「燒包」祭祖的習俗，卽用金紙銀紙做的金錠銀錠，裝在竹製的四方秧盒中，擺在野外草坪上，火焚送給相普相娘、祖公蚩尤和五族五宗、三代祖先的亡人。苗族兒童常三三兩兩，用頭相抵，做牛相鬪的遊戲，還用泥巴塑造牛的形象，尊為神牛。傳說炎帝太陽神是牛首人身，自稱炎帝的蚩尤，其部落以牛為圖騰標誌，苗族的古戰旗中間是箭穿過紅太陽，兩邊各一支牛角，說明了苗族遠祖是蚩尤。

苗族人民則以蚩尤是自己的祖公，頌其德而祭之，清末湖南花垣縣苗族歌手石板塘的「祖先歌」唱道：「苗族的祖公名叫蚩尤，他英勇無敵，聰明無比……蚩尤吹口氣，能把山吹走，蚩尤怒吼一聲，星星也會顫抖……。」苗族地區每個村寨（鼓社）都有楓木山、楓木嶺或楓木沖、楓木坳，封為禁山，設有「榔規榔約」，嚴禁砍伐，苗家村前寨後多有千百年的大楓樹，「樹根固苗土，枝椏護苗民」，奉為掌管村寨的神樹。

二、翁家烈先生〈從山海經窺索苗族族源〉㊷：

數千年前的蚩尤在苗族人民中普遍被當做先祖看待。湘西、黔東苗族祭祖時，須打豬供奉「剖尤」，苗語東部方言「剖」意為公公，「尤」是名字，「剖尤」即意尤公公。傳說剖尤是位勇敢善戰，號令森嚴的遠古領袖。湖南城步縣苗族有祭「楓神」為病者除「鬼疫」的傳統風習，扮楓神者，頭反戴鐵三脚（平時苗家置於火堂作架鍋用），身倒披蓑衣，脚穿釘齒鞋，手持上粗下細的圓木棒。這位令人敬畏的「楓神」即是蚩

> 尤。與《山海經》所載：「蚩尤棄其桎械化為楓木」的傳說有關……「古歌」將與蚩尤有直接關係的楓木作為始祖看待，黔東南許多苗寨都有一株高大古老的神樹——楓樹。川南黔西北一帶的蚩尤廟，在昔為苗族羣衆視為祖神廟而供以香火。

由以上隆名驥、翁家烈兩位先生的資料可以知道，苗祖的祖神阿普蚩尤(阿普漢意祖公)也卽是苗族古歌所見的祖神楓木，楓木及蚩尤的祭祀從遠古到淸末而到今天仍然在苗族的民間祭祀中存在著，而在民間祭祀蚩尤的祭儀之中，保存了古籍文獻所見的「頭戴牛角而相觝」的「蚩尤戰」，以及「擲械於大荒之中」化爲楓木之林的記事。我們由今天存在的活的民俗與過去文獻的文字記錄，相互印證的結果，再回頭檢討本文所論楓木信仰與招魂，當可知源於古代楚地民間招魂巫儀而成立的《楚辭・招魂》與楚地苗民自古信仰的楓木始祖神及祖神蚩尤，應該是有一些深層結構上的相屬關連的吧？

蕭兵先生不同意徐旭生先生的理論，而以爲蚩尤是南苗酋長，他主張分屍數處是一種壓勝巫術，又象徵蚩尤的影響廣被，黃帝用其頭面威嚇敵害，有如 Perseus 用墨杜薩之首卻敵，也是辟邪之義，而角觝之戰是一種促使豐收的祭儀。關於蚩尤化楓及蚩尤與黃帝之戰，他在其大著《楚辭與神話》、《楚辭新探》及《中國文化的精英》各書中都有詳細的討論。因爲本文此章重點是在討論蚩尤與楓木信仰及《楚辭・招魂》的內層相屬關係，所以關於蕭兵先生的立論學說，留待別稿另行討論。而我們在蕭兵先生的論述之中，發現有一項夸父與蚩尤的說法，認爲與楚地招魂的遠古巫術儀式的起源或許有關：

> 夸父與蚩尤聯合，或加入西南方九黎集團成為蚩尤的盟友或部屬，並且共同驅使風雨與乾旱的西北黃帝集團作戰，這段古史傳說，似乎還保存在川南苗族的口頭文學裏……夸佛身邊的壯士被選為超度死者的路師，歌頌蚩尤，夸佛的功績在埋葬蚩尤……後來苗族在祭祖的時候，便採取打死耕牛以代替戰馬，以戰馬隨同主人的靈魂，引回到祖先居住的地方。[43]

此處所見的超度死者之魂的「路師」，我們認爲或許卽是招魂的巫師，而殺牛代馬以馱回亡魂重回祖林的祭儀，卽或許是前面所述苗族亡魂重回楓林的招魂祭儀。

【註】

❶ 《論語・述而》：「子不語，怪、力、亂、神。」朱注及皇疏。

❷ 《繹史》卷四引《帝王世紀》：「炎帝神農氏，人身牛首。」

《路史・後紀四・蚩尤傳》：「阪泉氏蚩尤，姜姓，炎帝之裔也，好兵而喜亂，逐帝而居於涿鹿，興封禪，號炎帝。」

❸ 袁珂《古神話選釋》，頁一三八。
❹ 《史記・五帝本紀》索隱引《帝王世紀》。
❺ 雷學淇《竹書紀年義證》卷六。
❻ 御手洗勝〈神農と蚩尤〉，「東方學」第四十一輯，一九七一。
❼ 《雲笈七籤》卷一百〈軒轅本紀〉。
❽ 關於楚民族與南方苗蠻諸族之間的葛藤問題，請參閱拙文〈苗蠻與中原諸族間的葛藤〉，《中國神話諸相》，頁六四六，臺北時報出版公司，一九八七。
❾ 《書・呂刑》：「蚩尤」，《周禮・春官》寫作「蚩蚘」。
❿ 丁山《中國古代宗教與神話考》，頁四〇三，上海文藝出版社影印資料之十四，一九八八。
⓫ 丁山，前引書，頁四〇〇。
⓬ 森三樹三郎《中國古代神話》，頁三七，清水弘文堂書房，一九六九。
⓭ 御手洗勝，前引論文，頁一四。
⓮ 楊寬《中國上古史導論》，頁一九九，《古史辨》第七册所收，臺北明倫出版社，一九六〇。

⑮ 顧頡剛〈古代兵刑無別〉，《史林雜識》初編，頁八二，中華書局，一九六三。

⑯ 炎帝者，太陽也。（《白虎通・五行》）火正曰祝融，顓頊氏有子曰黎，為祝融。（《左傳》昭二十九）。夫黎為高辛氏火正……故命之曰祝融（《國語・鄭語》）。祝融，顓頊之孫，老童之子吳回也，一名黎，為高辛氏火正，祀為火官之神（〈孟夏紀〉注）。重黎為帝嚳高辛氏居火正，帝嚳命曰祝融。（《史記・楚世家》）

⑰ 蘇雪林《屈原與九歌》，頁一七三，臺北廣東出版社，一九七三。

⑱ 龔維英〈國殤祭戰神蚩尤說〉，淮陰師專蕭兵主編「活頁文史叢刊」第二二五號，一九八五。

⑲ 羅庸〈九歌解題及其讀法〉，北京大學四十周年紀念集。

⑳ 蘇雪林，前引書，頁二六一。

㉑ 蕭兵《楚辭新探》，頁四六二，天津古籍出版社，一九八八。

㉒ 蘇雪林〈楚辭國殤新解〉，「大陸雜誌」四卷七期，一九五二。
張壽平〈九歌所祀之神考〉，「大陸雜誌」二十三卷十二期，一九六二。
陳炳良〈楚辭國殤新解質疑〉，「大陸雜誌」四十三卷五期，一九七一。
以及蘇雪林〈為楚辭國殤新解質疑敬答陳炳良先生〉，「大陸雜誌」四十四卷二期，一九七二。陳炳良〈再談有關國殤和迦尼薩問題〉，「大陸雜誌」四十六卷一期，一九七三。以及蘇雪林〈國殤乃無頭戰神續考〉，「暢流」四十五卷四期，一九七二。

㉓ 蕭兵《楚辭新探》招魂、起殤、卻敵，頁四七一，天津古籍，一九八八。凌純聲《中國的邊疆民族與環太平洋文化》，頁六一七，臺北聯經出版社，一九七九。凌純聲，前引書，頁四一八。張壽平，前引論文以及他的《九歌研究》，頁六九－七五，廣文書局，一九七〇。張氏之說多半是凌純聲〈國殤禮魂與馘首祭梟〉論據的沿襲和引申。

㉔ 蕭兵，前引書，頁四四三。

㉕ 蕭兵，前引書，頁四七一。

㉖ 湯炳正《楚辭類稿》，頁二六八，巴蜀書社，一九八八。

㉗ 竹治貞夫《楚辭研究》，頁八六一，風間書房，一九七九。

㉘ 張雍德〈倖家的圖騰崇拜和送嘎帕〉，《少數民族民俗資料》上冊，頁三一，全國民俗學少數民族民間文學講習班，教學科研參考資料，一九八三。

㉙ 沈濤〈仡佬族人的祭祖節〉，前引《少數民族民俗資料》上冊，頁七五。

30 拙文〈靈蛇與長橋〉，《花與花神》，頁五七，臺北洪範書店，一九七七。

31 王樹五〈布朗山布朗族的原始宗教〉，前引《少數民族民俗資料》上册，頁四九。

32 苗族老歌手唐德海、汪開林講述，燕寶搜集整理〈苗族祭鼓節的由來〉，前引《少數民族民俗資料》上册，頁六五。

33 石啓貴《湘西苗族實地調查報告》，頁五二五，湖南人民出版社，一九八六。

34 高明强《創世的神話和傳說》，頁九八〈古楓蝶母〉，上海三聯書店，一九八八。陶陽、鍾秀《中國創世神話》，頁一一六，〈苗族創世史詩〉，上海人民出版社，一九八九。

36 龔維英《原始崇拜綱要》，頁二七，民間文學出版社，一九八九。

37 此段文字是根據湯炳正《楚辭類稿》頁四一七分段斷句。

38 朱熹《楚辭集註》，頁一八一，新陸書局。

39 蔣驥《楚辭餘論》，頁二四一，長安出版社。

40 傅錫壬《楚辭讀本》，頁一六五，三民書局。

41 隆名驥〈從苗族民俗探討苗族族源〉，頁一〇八—一一一，見西土家族苗族自治區《苗族歷史討論會論文集》，民族事務委員會編印，一九八三。

㊷ 翁家烈〈從山海經窺索苗族族源〉，頁一一三—一一四，見《山海經新探》，四川省社會科學院出版社，中國山海經學術討論會編輯，一九八六。

㊸ 蕭兵引陳一石〈川南苗族古代傳說試探〉，見蕭兵《中國文化的精英》，頁八七九，上海文藝社，一九八九。

出版後記

十年前，我出版過一本小書叫《花與花神》（臺北、洪範、一九八〇年），是一些談中國神話與人文的小文章。如今把這些年來所寫的一些有關中國民俗與人文的雜亂文字，編集起來的這本《水與水神》，就算是《花與花神》的姐妹篇了。

這幾年來，我教書和研究的方向，從漢民族而到少數民族。從神話傳說而到民俗信仰。但大致上的範圍，卻始終沒有離開孔子所一向不喜歡的「亂力怪神」方面。以前的研究，是爲了寫升等的論文或是取得一個學位，比較偏向傳統式的紙上文獻作業。而今的研究工作，卻只是爲了好玩和興趣，比較偏向實地的觀察和生活的體驗。這些年來，我沒有讀破什麼萬卷書，但是眞的行了萬里路。從泰國北部的森林到雲貴高原的村落。從東北的白山黑水到新疆的天山兩麓。從秋風駿馬的塞北到杏花春雨的江南……。

但是，我的研究工作和我走過的長途，完全不成正比。我的收穫依然少得可憐。原因是我不願像一些學者一樣，抱著一本「調查手册」和自己的「問題意識」，像獵犬一樣地進入少數民族地區尋找自己所要的答案。我也不認爲去南部住兩天旅館，看幾個道士做醮，或是去山地泡兩天溫泉，看一場山地歌舞，就是做了什麼了不起的「田野調查」。

有的人做學問，好像是後有追兵的長征，我自己以前也或許曾經有過這樣的時期。而如今卻覺得大可不必。我目前的工作或許正如我的長途旅行，興起而行，興盡而止，雲起雲落，一切隨緣。正因爲是這樣的沒有文化使命感和學術責任心的研究態度，所以至今沒有寫出什麼像樣的東西。

這本書所收集的文字，多半是發表在中國時報「民俗周刊」上的短文。我和鄭林鍾先生合作策畫過幾個月的民俗周刊。雖然周刊早已停刊，但和林鍾的合作仍是一段溫暖的記憶。

文章的長短和體例都不一致，文字的風格也互不統一。有的文字刻痕斑斑，令人讀之索然。又有的文字浪漫濫情，令自己汗顏之至。唯一比較有自信的是最後的兩篇論文，是爲了出席兩個國際學術討論會而提的，就像村夫偶而穿起西裝打上領帶進城赴宴。

必須感謝好友周志文教授和編輯的年輕朋友。是他們的催促和辛勞，才有一本這樣的書。

一九九一年十一月十二日於日本福岡

三民叢刊書目

1. 邁向已開發國家　孫　震著
2. 經濟發展啓示錄　于宗先著
3. 中國文學講話　王更生著
4. 紅樓夢新解　潘重規著
5. 紅樓夢新辨　潘重規著
6. 自由與權威　周陽山著
7. 勇往直前　石永貴著
8. 細微的一炷香　劉紹銘著
9. 文與情　琦　君著
10. 在我們的時代　周志文著
11. 中央社的故事(上)　周培敬著
12. 中央社的故事(下)　周培敬著
13. 梭羅與中國　陳長房著
14. 時代邊緣之聲　龔鵬程著
15. 紅學六十年　潘重規著
16. 解咒與立法　勞思光著
17. 對不起，借過一下　水　晶著
18. 解體分裂的年代　楊　渡著
19. 德國在那裏？(政治、經濟)　郭恆鈺・許琳菲等著
20. 德國在那裏？(文化、統一)　郭恆鈺・許琳菲等著
21. 浮生九四　蘇雪林著
22. 海天集　莊信正著
23. 日本式心靈　李永熾著
24. 臺灣文學風貌　李瑞騰著
25. 干儛集　黃翰荻著
26. 作家與作品　謝冰瑩著
27. 冰瑩書信　謝冰瑩著
28. 冰瑩遊記　謝冰瑩著
29. 冰瑩憶往　謝冰瑩著
30. 冰瑩懷舊　謝冰瑩著
31. 與世界文壇對話　鄭樹森著
32. 捉狂下的興嘆　南方朔著

三民叢刊33

猶記風吹水上鱗

余英時　著

本書以紀念錢賓四先生的文字爲主，賓四先生爲一代通儒，畢生著作無不以重發中華文化之幽光爲志。透過作者的描述，我們不僅能對賓四先生之志節與學術有深入的認識，並對民國以來學術史之發展有一概念。

三民叢刊34

形象與言語

李明明　著

藝術是以形象代替作者的言語，而在形象與言語之外，仍還有其他種種相關的問題。本書作者從藝術與時代、形式與風格、藝術與前衞、藝術與文化五個方面剖析西方現代藝術，使讀者能對藝術品本身及其相關論題有一完整的認識。

三民叢刊35

紅學論集

潘重規　著

本書爲「紅學論集」的第四本。作者向來主張《紅樓夢》一書爲發揚民族大義之書，數十年來與各方學者論辯，更堅定其主張。本書爲作者歷年來關於紅學討論文字的總結之作，也是精華之所在。

三民叢刊36

憂鬱與狂熱

孫瑋芒　著

輕狂的年少，懷憂的中年，從鄉下的眷村到大都會的臺北，從愛情到知識，作者以詩意的筆調、鋪陳豐饒的意象，表現生命進程中的憂鬱與狂熱。以純藝術表現出發，而兼及反應社會脈動，不但樹立了獨特的個人風格，也爲散文藝術開拓了新境界。